AF452833

Les notes qui se trouvent dans ce volume sont de Voltaire. L'écriture est celle de son secrétaire +. Voltaire envoya à Paris plusieurs exemplaires chargés de ces notes, dans la vue de nuire à la Beaumelle. il parvint seulement à faire mettre au pilon 600 exemplaires de cette brochure. quelques exemplaires ont été vendus 36 fr.

Barbier

+ (Wagnière)

Cet exemplaire a été légué à M. d'Holbach par Damilaville. le Baron d'Holbach l'a donné à M. Naigeon. Je le tiens du Frère de M. Naigeon avec les trois feuilles placées à la fin

EXAMEN

DE LA

(et détestable)

NOUVELLE HISTOIRE

DE

HENRI IV.

De M. DE BURY,

Par M. le Marquis DE B***, *par La Beaumelle*

encor plus décrié que Buri

Non Lu dans une séance d'Académie;

AUQUEL

On a joint une piéce analogue.

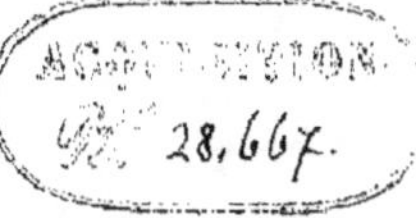

A GENEVE,

Chez CLAUDE PHILIBERT.

M. DCC. LXVIII.

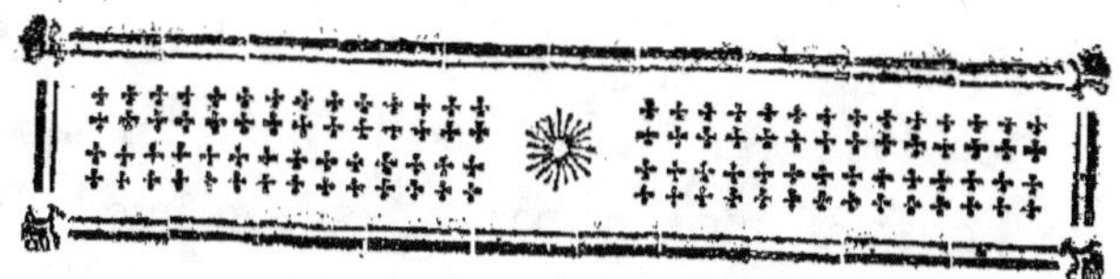

EXAMEN
DE
L'HISTOIRE
DE
HENRI IV.

Ous me demandez , Meſſieurs , qui eſt Mr. de Buri ? C'eſt l'Auteur des vies de Philippe & de Céſar. Vous me répondez que ce n'eſt guéres vous le faire connoitre. J'ajoute qu'il eſt le dénon= ciateur de l'inoculation auprès de tous les Ar= chevêques du Royaume. Vous vous recriez qu'il n'eſt pas plus connu par cet ouvrage que par les autres , & que je puis me diſpenſer d'examiner le travail d'un homme qui a trou= vé le ſecret d'écrire *incognito* l'hiſtoire du Prin=

ce le plus propre à donner de la célébrité à
fon hiftorien. Mais un de nos plus illuftres
Ecrivains n'en a pas jugé de même. Plein
de mépris pour Buri, mais jaloux de la gloire du Héros de la France, Mr. De Voltaire
n'a pas dédaigné d'écrafer ce pygmée avec la
maffue d'Hercule. Il a raffemblé dans une
brochure les traits les plus perçants. Il a ven-
gé Henri & le Public. Toutefois il n'a fait
qu'effleurer fon fujet; & aparemment il n'étoit
guère alors en état de l'aprofondir, puifqu'il
reproche furtout à Mr. de Buri de n'écrire
que ce que tout le monde fçait, au lieu que
je lui reproche principalement d'écrire ce que
perfonne n'a jamais fçu.

Saviez-vous, par exemple, M E S S I E U R S,
que Henri IV. étoit un hypocrite quand il
profeffoit la religion Proteftante? Mr. de Buri vous aprendra qu'il eut toujours *trop de lumiéres pour n'être pas perfuadé que la religion
Catholique étoit la meilleure.* Il étoit donc bien
mal inftruit, ce faint pontife, qu'on eut tant
de peine à réfoudre même après fon abjuration à lui donner le fouet fur les feffes des
Cardinaux du Perron & d'Offat. Nos Capu-
cins fuent fang & eau pour prouver que Henri devint Catholique de bonne foi, comme

fi notre divine religion avoit à s'enorgueillir
d'un tel profélite. Mr. De Buri prend une
voie plus courte; il pofe en fait que Henri
ne fut jamais Proteftant. C'étoit, dit-il, un
Prince trop éclairé. Newton cent fois plus
éclairé que lui, étoit donc cent fois plus Catholique. Ce dénonciateur des inoculiftes mé-
riteroit d'être dénoncé lui-même à la premiére affemblée du Clergé, comme attribuant la
foi aux opérations de la nature & la dérobant
aux influences de la grace.

Sa préface eft revoltante. Il traite de pe-
dant l'illuftre de Thou. Il prétend que *Tacite a gâté beaucoup d'Hiftoriens.* A-t-il gâté
Priolo qui l'a fi bien imité? Grotius qui en
l'imitant eft devenu lui-même un modèle? Il
demande fi *Alexandre eft plus eftimable par fes
grandes qualités que méprifable par fes vices?*
& il nous fait confidence qu'il a écrit la vie
d'Alexandre. Il dit que *Philippe de Comines
a écrit avec impartialité l'hiftoire du feul peut-
être de nos Rois qui ait été méchant.* Prefque
autant de fautes que de mots.

1°. Comines n'a point écrit l'hiftoire de Louis
XI. il en a feulement écrit quelques événements dont il avoit été témoin. 2°. Il n'a
point écrit avec impartialité: c'étoit un trai-

tre dont la plume comme la fidélité étoit vénale. Voyez l'histoire de Louis XI. par Duclos, & relisez le dernier chapitre de Comines sur ce Prince. Velleius Paterculus ne loua jamais Tibère avec cette lâcheté. Les mémoires de Comines ont fait fortune comme leur Auteur, par cette sagesse proverbiale, qui à la vérité est sans vues & sans profondeur, mais qui est aussi le résultat de l'expérience de plusieurs milliers d'années.

3º. Il s'en faut bien que Louis XI. ait été *le seul* de nos Rois *qui ait été méchant....* notre fondateur Clovis n'étoit point un bon homme.

> Et l'eau du ciel ne put laver jamais
> Ce Roi des Francs gangrené de forfaits.

Charlemagne qui bâtisa tant de fois les Saxons dans des ruisseaux de sang, n'étoit pas un conquérant fort humain. Quel nom donner à Philippe Auguste qui fit bruler en un jour six cent Albigeois, & qui reput ses yeux de ce spectacle? Pour Charles IX. assassinant du Louvre les hérétiques fuyards qui passoient sous ses fenêtres, on ne sçauroit lui disputer sa place entre Néron & Caligula. Nous avons eu beaucoup d'autres Rois méchants. On en justifie quelques-uns en rejettant leurs cruautés sur leurs Ministres, ou bien en les imputant à des surprises que le zèle fit à leur caractère. Mais avec cette logique & cette morale j'aurois bientot fait l'apologie de tous les bandits condamnés à la potence. Je ne connois point d'Ecrivain plus dangereux que l'Historien qui fait l'éloge d'un Prince médiocre ou l'apologie d'un tiran. C'est dire aux Têtes couronnées, soyez sans vertus, livrez vous aux crimes; l'adulation jettera encore des fleurs sur votre tombeau: à peine serez-vous expirés que de beaux esprits feront votre panégirique, & que des Philosophes trempans leur énergique pinceau dans les plus belles couleurs vous présenteront à la nation comme un modèle. Quel frein restera-t-il au genre humain pour reprimer les passions fougueuses des hommes puissants, si l'histoire devient un amas de lâches faussetés, si la crainte d'être en exécration à la postérité n'intimide plus le crime & ne l'écarte pas du trône ? Je ne puis retenir mon indignation, toutes les fois que je me rapelle un de nos historiens *, qui après avoir prouvé que l'homme dont il écrit la vie étoit mauvais fils, mauvais mari, mauvais pére, infidèle ami, voisin dangereux, allié peu sûr, Chrétien superstitieux & par-

* Duclos; Histoire de Louis XI.

jure, maître ingrat & foupçonneux, politique plutôt rufé que profond, opreffeur des grands, non par amour pour le peuple, mais par jaloufie contre eux, finit ce tableau par ce trait bizare & difparate, *c'étoit pourtant un Roi.* Quelle leçon pour les tirans! Eh non, ce n'étoit pas un Roi, s'il eft vrai que toutes les vertus morales & civiles entrent dans la compofition d'un Roi. J'attendois de ces vérités fortes qui confolent les foibles; & l'on promet des flateurs à la méchanceté puiffante. Mais revenons à Mr. De Buri, qui nous permettra bien de le perdre quelquefois de vue & de nous rendre fes fautes utiles par des réflexions, lorfqu'elles ne feront pas amufantes.

Il débute par un éloge d'Henri IV. tel que l'enthoufiafme pourroit l'infpirer. C'eft aparemment fa maniére de perfuader au lecteur, qu'il va pefer avec impartialité les actions d'un Prince. Après ce début, on eft tout furpris de ne trouver dans le cours de cette hiftoire, qu'un guerrier ordinaire, un politique mal adroit, un Légiflateur peu éclairé. Ce règne eft pourtant l'époque de très grands changements arrivés foit alors foit depuis dans la monarchie & dans le fiftème de l'Europe.

Au lieu de courir vers le but & de com-

mencer par là naiſſance de Henri, l'Hiſtorien s'engage dans un long préambule, où il
entaſſe fautes ſur fautes.

Il eſt certain, dit-il, *que la Reine mére ne
fut point nommée régente après la mort d'Henri II.* Eh pouvoit-elle l'être? l'ordonnance de Charles V. n'avoit-elle pas fixé la majorité à 14. ans? François ſecond en avoit 15.
Il faut pourtant convenir que dans une autre
bouche ces paroles auroient un grand ſens;
en effet elles rapelleroient au petit nombre
de lecteurs inſtruits, que l'ordonnance de Charles V. fut regardée comme un renverſement
des loix civiles & naturelles, que n'ayant été
demandée par aucune aſſemblée d'Etats Généraux, elle fut mépriſée comme un attentat
contre les droits de la nation & contre ſa conſ-
titution fondamentale, comme l'avoient été les
deux ordonnances de Philippe le hardi, par leſ-
quelles il vouloit que ſon fils fût déclaré majeur à 14. ans; comme le furent enſuite deux
déclarations de Charles VI. conformes à celles
du Roi ſon pére. Malgré les meſures que
prit Charles V. pour l'exécution de ſa nouvelle loi, malgré l'enrégiſtrement ſolemnel
qu'il en fit au Parlement en préſence du Re-
cteur de l'Univerſité, du Prévot des marchands,

peut on mentir plus insolemment ! il fut déclaré majeur et sacré en novembre 1380 agé de 13 ans et quelques jours, et le Duc d'anjou n'eut la régence que trois mois et demi. la majorité féodale était par tout à 18 ans.

toute cette page est absurde.

& des Echevins de Paris, son fils resta mineur jusqu'à 22. ans, terme de la majorité féodale. Les Ducs d'Anjou, de Berri, de Bourgogne, & de Bourbon, qui se disputoient la régence & la tutelle, ne daignérent pas s'occuper un moment de cette loi : & lorsqu'ils firent leur accommodement, ils la regardérent comme non avenue. Depuis ce temps jusqu'à la mort d'Henri II. le Trône ne fut rempli que par des Rois majeurs ; de sorte qu'à l'avénement de François II. âgé de 15. ans, cette question se présentoit naturellement, *le Roi est-il majeur ?* & cette autre, *s'il est majeur, de qui doit être composé son Conseil ?* Ces deux points furent agités par le Public avec beaucoup de chaleur. Le Greffier du Tillet donna son livre *de la majorité des Rois,* si estimé depuis & si méprisé pour lors. Il y soutenoit que le Roi majeur, quoique jeune d'âge, pourroit se choisir le Conseil qu'il vouloit. On lui répondoit : c'est d'après l'ordonnance de 1374. qui n'a point eu d'exécution, & d'après celle de 1392. de 1403. & de 1707. que vous placez la minorité à 14. ans ; soyez donc conséquent ; & conformément à ces mêmes ordonnances donnez au jeune Roi majeur un Conseil composé des *plus prochains de*

[11]

son sang. Tandis qu'on raisonnoit, les Guises s'emparoient de l'autorité. Le Roi de Navarre & le Prince de Condé qui se croyoient le légitime Conseil de François second, formérent la conspiration d'Amboise pour chasser les Guises. Du reste je suis bien éloigné de vouloir affoiblir l'autorité quelconque de l'ordonnance de Charles V. sur cette matiére. Notre droit public est fixé à cet égard, sinon par cette ordonnance, du moins par un usage suivi durant quatre minorités, qui toutes ont fini à la treiziéme année du mineur. Tous les ordres de l'Etat y ont acquiescé par leur silence.

Mr. De Buri prétend que cette conjuration d'Amboise est un mistère qu'on n'a pas encore bien éclairci. *On n'en a, dit-il, jamais sçu les motifs ni la fin: ce que le public en a sçu de plus probable, c'est qu'on vouloit s'emparer de la personne du jeune Roi, chasser la Reine mére & les Guises, ou leur faire un plus mauvais parti. On accusa l'Amiral de Coligni d'en être l'Auteur.* Nul point de notre histoire n'est mieux connu. Les motifs de la conjuration d'Amboise étoient les mécontentements qu'on avoit contre les Guises, les uns à cause de l'abominable édit qui condamnoit au gibet tous les Officiers & Gentilshommes, qui viendroient à la cour demander au Roi la récompenſe de leurs ſervices, les arrérages de leurs penſions, ou le rembourſement des prêts d'argent faits à l'Etat; les autres parce qu'ils étoient las de périr par la main du bourreau ſous prétexte de religion; les autres parce qu'ils eſpéroient une révolution qui rétabliroit leurs affaires en déſordre; la plupart enfin pour délivrer la France & le Prince de la tirannie des Guiſes & pour mettre l'Etat ſous l'adminiſtration des Princes du ſang à qui elle apartenoit, & qui étoient les chefs ſecrets de l'entrepriſe. Le but des conjurés étoit donc inconteſtablement le rétabliſſement de l'ordre public. Les moyens qu'ils avoient projetté d'employer, étoient de faire préſenter d'abord au Roi par des Gentils-hommes déſarmés une requête tendante à obtenir l'expulſion des Guiſes, & au cas que le crédit de ceux-ci la rendit inutile, d'en faire préſenter une ſeconde, & ſi les Guiſes ne vouloient pas s'éloigner & rendre compte de leur adminiſtration, de les y forcer à main armée & de les retenir priſonniers pour que le procès leur fût fait par les Etats Généraux auxquels on les livreroit. Il ne s'agiſſoit point de la Reine mére; c'eſt un menſonge atroce

& même infenfé, puifque bien des gens ont prétendu que la Reine mére étoit auffi du fecret. Tous les conjurés proteftérent au milieu des fuplices de leur fidélité pour le Roi & de leur averfion pour les Guifes. C'eft fous ce point de vue que le Connêtable de Montmorenci expofa la chofe au Parlement. Quant à Coligni, loin d'être l'auteur du complot, il n'en fut inftruit qu'après la découverte. Aucun conjuré ne le nomma. Les Guifes ne l'en accuférent point, eux qui ne ménagérent ni le Prince de Condé ni le Roi de Navarre. Le Préfident Hénault dans fon Abregé Chronologique a rendu juftice fur ce point à l'Amiral de Coligni.

Mr. de Buri s'acharne à flétrir fa gloire, aparemment parce que ce grand homme fut celui qui contribua le plus à déveloper & faire germer les femences des vertus morales & des talens militaires que la nature avoit jettés dans l'ame de Henri. *Le chagrin, dit-il, de n'avoir aucune part dans le miniftère, avoit fait embraffer à Coligni la religion Proteftante, dans le deffein de former un parti confidérable à la Cour.* Voila comme il s'abftient de ce qu'il reproche à Mézerai, de donner aux actions des hommes des motifs vicieux.

Où a-t-il pris cette anecdote? Aucun historien contemporain n'a nié, que Coligni ne fût Protestant de bonne foi. Ce cœur étoit trop grand pour être hypocrite. Quel hypocrite, qu'un Général, qui dans ses premiéres campagnes fit de son camp l'azile des mœurs & l'école de la vertu! Non seulement Mr. de Buri tombe ici dans une malignité manifeste, mais il invente un fait faux pour y tomber. Il supose que Coligni n'embrassa la religion Protestante que par chagrin contre les Guises & par l'ambition d'être Chef de parti après la mort de Henri Second, tandis qu'il est constant que du vivant de ce Prince il étoit déjà Protestant : prisonnier des Espagnols après la bataille & la prise de St. Quentin, il n'avoit pas dissimulé ses sentimens ; & d'Andelot son frère s'étoit si nettement déclaré contre la Messe en présence de Henri II. que ce Prince lui avoit jetté à la tête une assiette qui avoit blessé le Dauphin. Si les Châtillons avoient projetté de former un parti dans l'Etat, l'un d'eux auroit-il commencé par se faire enfermer au château de Melun & dépouiller de sa charge de Colonel Général de l'Infanterie, en punition de son zèle? l'autre auroit-il donné volontairement la démission de son gouvernement de Picardie ? Tous les trois auroient-ils engagé le Conêtable de Montmorenci leur oncle à renoncer en faveur du Duc de Guife à fa charge de grand maitre de la maifon du Roi ? Tous les trois auroient-ils confenti à l'obfervation de l'ordonnance de Charles V. qui n'avoit pas eu d'effet même à l'égard de fon fils ? S'ils avoient voulu former un parti dans l'Etat, dès les premiers inftants du règne de François fecond, n'auroient-ils pas reclamé les loix anciennes fi contraires aux prétentions des Guifes ? Ne fe feroient-ils pas du moins unis aux mécontens de la conjuration d'Amboife ?

Mais, dit Mr. de Buri, *Coligni foufroit impatiemment la puiffance des Guifes.* Etoit-ce un crime ? c'étoit le crime de prefque toute la France : c'étoit le crime de François premier, qui avoit prévu *qu'ils réduiroient fes enfans à la chemife : mais,* ajoute-t-il, *il avoit conçu une violente jaloufie contre le Duc de Guife.* Le Duc de Guife avoit vaillamment défendu Metz : mais il avoit perdu par fa faute la bataille de Renti : & Coligni ne pouvoit avoir de jaloufie de bravoure contre un héros qu'il avoit ramené au combat & qui ne pouvoit le lui pardonner. Voyez De Thou, L. XXIV.

Coligni, ajoute-t-il encore, *s'étoit flaté que

le Roi de Navarre dont il avoit la confiance auroit occupé la place duë à sa naissance, c'est-
à dire la Lieutenance de l'Etat. Encore une fois,
François second étoit reputé majeur ; & sous un
Roi majeur y a-t-il un Lieutenant général du
royaume ? L'unique chose que le Roi de Navarre prétendoit & pouvoit prétendre, c'étoit
de tenir dans le Conseil un des premiers rangs,
conformément à l'ordonnance de 1403. Louis
de Condé son frére avoit aussi la même prétention. *Mais sa jeunesse*, dit Mr. de Buri,
*ne lui permettoit pas d'aspirer au maniement des
affaires.* Ce Prince étoit né en **1530.** En **1560.**
il avoit donc 30 ans ; & à cet âge il étoit trop
jeune pour les grandes affaires ? A cet âge, Alexandre étoit le chef du Conseil & de l'armée
des Grecs.

Mr. de Buri revient encore à l'Amiral, &
*l'accuse d'avoir été pour la France un des homme
des plus funestes qu'elle eût portés, & presque l
seul auteur des guerres civiles.*

Tout le monde n'en juge pas ainsi, & bien
des gens vous disent : Coligni n'est l'auteur d'aucune guerre civile. C'est l'intolérance qu
les produisit toutes. Les hérétiques se laissè-
rent bruler pendant trente ans : enfin ils obtin-
rent à la requête de la noblesse & du tiers
état

état, les deux ordres les plus confidérables du
Royaume affemblés à Orléans, un premier édit
de liberté de confcience. Les Guifes le violent
par des maffacres, Coligni & Condé s'arment
pour le défendre, à la follicitation de la Régente. Ce font donc les Guifes qui font les
auteurs des guerres civiles: car ce fut ce même édit de liberté de confcience, qui leur
fervit de prétexte pour les allumer toutes.

Quant au mal que Coligni fit au royaume,
il ne le fit qu'accidentellement; il le fit pour
empêcher de plus grands maux : il empêcha
qu'on n'égorgeat des hommes pour des opinions:
il empêcha que le régne des trois fréres ne fût
une St. Barthelemi continuelle : il établit ce
fiftême de tolérance, qui pendant un fiécle qu'il
fubfifta, rendit la France heureufe & triomphante, & dont la fuppreffion a principalement contribué à la rendre deux fois un objet de pitié aux yeux de fes ennemis. Ces
mêmes gens vous foutiennent, que Coligni a
été un des plus utiles citoyens, que notre infanterie lui doit fes plus fages réglements,
que notre commerce lui doit la colonie
de la Martinique, que la Maifon de Bourbon
lui doit par une chaine de circonftances fon
établiffement fur le trone, que fi les confeils

B

avoient été fuivis, les frères de nos Rois n'auroient jamais remué, la ligue ne fe feroit pas
formée, & la France n'auroit pas verfé tant de
fang dans les Pays-bas, dont il alloit faire la
conquête.

Après avoir tant médit de l'Amiral de Coligni, il étoit naturel que Mr. de Buri fe décla-
rat pour le Duc de Guife. Il le peint *comme le plus grand homme de guerre qui fût alors*
[ni Montmorenci ni St. André ni l'Amiral
n'en feroient convenus,] *comme ennemi de la
vanité & de l'oftentation.* [Quoique fujet il at-
teignit par fon luxe jufqu'à la magnificence
des Souverains, fans compter qu'il prenoi
la qualité de Duc d'Anjou & qu'il affectoi
la fupériorité fur les Princes du fang,] *comme cherchant uniquement la gloire & le bien
du Royaume auquel il fe portoit avec une affec-
tion & un zéle dignes du meilleur citoyen.* [Or
l'avoit regardé jufqu'ici comme uniquemen
occupé de la grandeur de fa maifon.] *Les proteftans, ajoute-t-il, en ont dit beaucoup de mal,
parce que prévoyant les défordres que la nouvelle religion cauferoit un jour dans l'Etat, il mi
tout en ufage pour la réprimer, & peut-être i
l'auroit anéantie s'il avoit vécu.*

Tout cela eft faux. Je trouve que les hiftoriens Proteſtans diſent de ce Duc de Guiſe tout le bien qu'ils pouvoient en dire. Il étoit excellent capitaine, il avoit l'eſprit étendu; mais ſon ambition étoit exceſſive. Les Catholiques n'en ont pas parlé autrement. Quant à ſon zèle pour la Religion Catholique, on ſçait qu'il délibera avec ſes fréres s'ils n'embraſſeroient pas la religion proteſtante, pour laquelle le cardinal de Lorraine avoit un penchant dont il ne put ſe défaire; on ſçait qu'il écrivoit à des Gentilshommes proteſtants : *Eh mon ami! ſi tu n'es pas ſaoul d'un miniſtre, prends en deux; ce n'eſt pas à ton prêche que j'en veux. Il prévoyoit les troubles que cette religion cauſeroit dans l'état.* Ce fut ſon eſprit perſécuteur qui produiſit ces troubles. Les religions nouvelles ne demandent qu'à être ſuportées : elles ne cauſent d'ordinaire des troubles dans les Etats, que parce qu'elles ſont perſécutées par la religion ancienne; & l'ancienne en ce cas n'a certainement aucun reproche à faire à la nouvelle. Car qu'eſt-ce qu'un meurtrier peut objecter de raiſonnable à celui qui ſe défend contre le meurtre? Mr. de Buri prétend que le Duc de Guiſe *mit tout en uſage* pour réprimer le proteſtantiſme. Mit-il en uſage l'inſtruction, la douceur, la patience, la réformation des mœurs du Clergé, la suppreſſion des abus, ſeules armes qu'il faloit employer contre l'héréſie? Non, il mit en uſage le fer & le feu: Mais Bayle lui auroit dit, ce n'eſt point avec des arguments que vous avez défendu Metz, ce n'eſt point avec des canons qu'on attaque les eſprits. Mr. de Buri aſſure que le Duc de Guiſe *auroit anéanti cette religion, s'il n'eût été tué.* Il y a là une férocité d'expreſſion & de ſentiment qui ſemble partir non d'un François, mais d'un Inquiſiteur. Il n'entend pas que le Duc de Guiſe auroit *anéanti* l'opinion des proteſtants, car cette opinion ſe ſeroit conſervée dans pluſieurs autres parties de la Chrétienté; il entend donc qu'il auroit annihilé tous les François qui profeſſoient cette opinion. Or rien n'eſt plus atroce; & préſenter un tel homme comme le *meilleur citoyen,* c'eſt peut-être ce qui s'eſt écrit de plus ſcandaleux dans ce ſiécle.

Mr. de Buri raporte un fait, qui, quoique mal rendu, fixe l'idée qu'on doit ſe former de Guiſe, & de Coligni. *On aſſembla,* dit-il, *un Conſeil extraordinaire à Fontainebleau* [c'étoit une aſſemblée de notables, ce qui eſt bien différent d'un Conſeil extraordinaire.] *L'Amiral y préſenta une requête au nom de tous les Calviniſ-*

T. I. p. 20.

ce n'était point une assemblée de notables, c'était un conseil secret extraordinaire. si c'eut été une assemblée de notables il eut tenu lieu d'états comme celui de Rouen sous henri 2. ce fut dans ce conseil extraordinaire qu'on résolu de tenir les états à orléans.

tes du Royaume, *pour obtenir la liberté de con-
science.* [L'Amiral en préfenta feulement au nom
de ceux de Normandie] *en difant qu'il parloit
de la part de cinquante mille hommes.* [Il dit
qu'ayant demandé à ceux qui lui avoient donné les requêtes, qu'ils euffent à les figner,
ils lui avoient répondu que plus de cinquante
mille hommes y foufcriroient, s'il étoit néceffaire. Si Coligni avoit parlé au nom de
tous les Calviniftes du Royaume, en eût-
il mis en avant un fi petit nombre ? cinquante mille hommes auroient-ils fufi pour mettre
fur pied, quelques années après, des armées
qui tinrent toujours tête aux armées royales?]
*Mr. de Guife ne put fe tenir de colére, qu'il ne dît
qu'il méneroit contre eux pour leur rompre la tête
cent mille bons catholiques.* [Voila ce que Mr.
de Buri appelle être *le meilleur des citoyens.*]
Pourfuivons.

Une querelle furvenue entre les huguenots & Pag. 23.
*les domeftiques du Duc de Guife à Vaffi, dans
laquelle il y eut plufieurs perfonnes de tuées, &
où le Duc fut bleffé, occafionna la premiére guerre civile: on n'a jamais pu fçavoir lequel des
deux partis y avoit donné lieu.* Qui ne fçait
que ce fut le Duc de Guife, depuis appellé

le Boucher de Vaffi? Qui ne fçait que les huguenots prioient Dieu tranquillement dans une
grange fous l'autorité de l'Edit de Janvier?
qui ne fçait que le Duc de Guife entendant
le chant des pfaumes manda le juge du lieu
& lui fit un crime de fouffrir ces affemblées ; que le juge lui répondit que l'édit du
Roi lui lioit les mains, que Guife repartit,
*la Reine a fait cet édit, mais cette épée le dé-
fera ?* Nul hiftorien n'avoit encore accufé les
proteftans d'avoir été les auteurs de cette émeu-
te, dont ils pourfuivirent fi hautement la vengeance, comme en ayant été les victimes.

Du refte Mr. de Buri fe trompe groffiére-
ment, quand il dit que l'édit de Mars 156
fut le premier édit de liberté de confcience.
Ce fut celui de Janvier 1562. Fait très important, parce de là dépend le jugement qu'on
doit porter des deux partis dans les querelles
civiles, où Henri quatre fe trouva engagé

Il ne fe trompe pas moins, quand il avance que *Catherine de Medicis ne fut pas nommée régente* après la mort de François fecond,
durant la minorité de Charles neuf. Elle fut déclarée régente par les états de Pontoife, lefquels confirmérent le traité de Catherine avec

le Roi de Navarre, qui s'étoit contenté de la lieutenance générale de l'état.

Il se trompe encore, quand il assure que Henri trois après son retour de Pologne *accorda la liberté au Duc d'Alençon & au Roi de Navarre.* Il faloit dire que les gardes ne leur furent ôtés que pour la forme, qu'ils continuérent d'être prisonniers & gardés à vue, que le Roi de Navarre s'évada de la cour dans une partie de chasse.

Je me lasse d'examiner ce préambule. Passons à l'Histoire. La première phrase est une bévue. *Le droit*, dit-il, *de Henri IV. à la couronne de France ne lui fut jamais contesté, pas même par ses plus grands ennemis.* Qu'il lise les libelles du temps, & surtout *l'avis aux bons catholiques*, imprimé à *Tholose*: il y verra que les ligueurs contestèrent la validité du mariage de Jeanne d'Albret avec Antoine de Bourbon, sous prétexte que Jeanne étoit réellement mariée avec le Prince de Clèves. Et cette idée n'étoit point celle de quelques fanatiques; le souverain Pontife l'avoit adoptée: & c'est pour cela que dans la bulle d'excommunication fulminée contre Henri IV. Sixte - quint l'appelle *bâtard de la maison de Bourbon.*

Mr. de Buri remarque que les descendants

elle eut l'administration non la régence.

Pag. 31.

Pag. 38.

Abus des mots génération bâtarde et détestable est l'expression de la bulle bâtarde signifie là indigne.

de Robert Comte de Clermont *avoient tou*-
jours vécu dans une certaine splendeur, qui leu
avoit acquis à la cour de France beaucoup de con-
sidération. J'aimerois mieux qu'il eût observ
qu'Antoine de Bourbon n'avoit pas dix mill
livres de rente quand il épousa l'héritiére d
Navarre. Depuis le connêtable de Bourbon
ce nom ne se prononçoit presque plus dans l
royaume.

Après quelques détails sur la naissance d
Henri, l'historien qui oublie de dire qu'on lu
donna le nom de Comte de Vianne, passe lé-
gérement sur son éducation ; il n'a pas même
sçu, qu'on lui avoit donné pour Gouverneur le
Baron de Beauvais, qui fut tué aux matines
de Paris / Je voudrois que ceux qui publient
des vies particulieres des Princes, ne craigni-
sent point de nous ennuier en nous aprenant
comment ils furent élevés. Par exemple, je
lis avec un charme infini dans l'histoire du Mo-
gol, que le petit-fils de Scha-Abas fut bercé pendant sept ans par des femmes, qu'ensuite il fut bercé pendant huit ans par des hommes : qu'on l'accoutuma de bonne heure à s'ado-
rer lui-même & à se croire formé d'un autre
limon que ses sujets, que tout ce qui l'en-
vironnoit avoit ordre de lui épargner le pé-

nible foin d'agir, de penfer, de vouloir & de le rendre inhabile à toutes les fonctions du corps & de l'ame : qu'en conféquence un prêtre le difpenfoit de la fatigue de prier de fa bouche le grand être : que certains officiers étoit prépofés *pour lui mâcher noblement*, comme dit Rabelais, le peu de paroles qu'il avoit à prononcer : que d'autres lui tâtoient le pouls trois ou quatre fois le jour, comme à un agonifant: qu'à fon lever, qu'à fon coucher, trente Seigneurs accouroient, l'un pour lui dénouer l'aiguillette, l'autre pour le déconftiper, celui - ci pour l'accoûtrer d'une chemife, celui - là pour l'armer d'un cimeterre, chacun pour s'emparer du membre dont il avoit la furintendance. Ces particularités me plaifent, parce qu'elles me donnent une idée nette du caractère des Indiens, & que d'ailleurs elles me font affez entrevoir celui du petit - fils de Scha-Abas, pour me difpenfer de lire tant d'épais volumes, que les Indiens ont écrits fur les faits & geftes de cet Empereur automate.

Une anecdote précieufe à la litterature, c'eft que Henri enfant avoit traduit en français les commentaires de Céfar fur la guerre des Gaules. Ce fut fous Florent Chrétien fon précepteur qu'il entreprit cet ouvrage fi digne d'un jeune Prince. Cafaubon qui nous affure l'avoir vu écrit de la propre main de ce monarque, ajoute que Henri IV. lui avoit dit qu'il avoit auffi travaillé à des commentaires de fes propres actions, & qu'il les acheveroit dès qu'il en auroit le loifir.

Mr. de Buri n'ayant rien à nous aprendre de l'éducation de fon Prince, nous aprend qu'il n'y avoit pas alors beaucoup de bons livres. On avoit alors toute l'antiquité Grecque & Romaine, dont l'étude eft fi propre à former de grands Princes, & dont l'imitation avoit déjà produit tant de bons écrivains. En ce tems là les ames fe nourriffoient de ces chefs-d'œuvres immortels, que nous ofons méprifer aujourd'hui. Auffi ce fiècle fut-il celui des grands talents réunis aux grandes vertus.

Parmi les hommes qui fe diftinguérent, on admira furtout la mère de Henri IV., Princeffe peu connue de Mr. de Buri, qui dit qu'elle *confentit facilement* au mariage de fon fils avec Marguerite de Valois. Il ignore donc que ce mariage avoit été propofé depuis long-tems, que Jeanne d'Albret l'avoit éloigné fous divers prétextes, & que fa répugnance étoit fondée, comme il paroit par fes lettres, fur les motifs les plus honnêtes & les plus nobles,

je veux dire sur la crainte que le Prince de
Béarn ne corrompît ses mœurs & n'affoiblît son
courage dans une cour voluptueuse, où l'exemple du vice étoit donné par ceux qui devoient
le reprimer. Une circonstance remarquable &
moins connue, c'est que dans le contrat de mariage entre le Prince de Béarn & Marguerite de Valois, la Reine de Navarre prit la qualité *de majesté fidélissime*. Les Rois de Navarre s'apelloient *les Rois très fidéles*. Ce titre apartient donc au Roi de France depuis la réunion
de la Navarre à la couronne. Cependant la cour
ne l'a point réclamé, lorsque dans ces derniè-
res années, le Pape en a honoré le Roi de Por-
tugal. L'Espagnol qui tient la meilleure partie de la Navarre, a gardé le même silence.
A quoi l'attribuer ? on ne sçauroit soupçonner
leurs Majestés très chrétienne & catholique d'in-
différence pour un titre si glorieux ni pour des
droits bien établis. Peut-être ne se trouva-t-
il alors dans le Conseil de ces deux cours personne qui fût instruit de cette prérogative attachée au royaume de Navarre. C'est pourtant
un fait certain & dont je suis prêt à fournir la
preuve. /

Si Mr. de Buri est excusable d'avoir igno-
ré ces anecdotes, il ne l'est point de nous re-

présenter Henri IV. la nuit de la St. Barthelemi, *se présentant* à ses assassins & les désar-
mant *par sa fermeté*; au lieu de nous le peindre étonné, <u>tremblant</u>, & se cachant sous le
vertugadin de sa femme. Il l'est encore moins
de gâter la réponse que fit ce Prince, lorsque
la Reine voulut le faire interroger par le Chancelier sur l'affaire de la Mole & de Coconas.
C'étoit faire tort, dit-il, *à sa dignité de Prince
du sang.* Il répondit qu'il étoit Roi de Navarre, qu'il ne relevoit que de Dieu, & qu'il
ne répondoit qu'à lui: que du reste quant à ses
Pairies, il ne devoit être traduit ni devant la
Reine ni devant le Chancelier, mais devant la
cour des Pairs. Ces détails plaisent aux particuliers, qui ont du moins la consolation de
voir, que l'infraction des loix raproche d'eux
les têtes couronnées.

Une autre particularité que Mr. de Buri auroit dû sçavoir, c'est que Marguerite de Valois eut en dot les senechaussées du Querci &
d'Agenois, quoique, selon nos coutumes, les
filles de nos Rois se dotent en argent & jamais en domaines: on fit plus; afin qu'elle pos-
sédât ces biens plus honorablement, on lui en
abandonna par lettres patentes tous les droits

Pag. 64.

ce ne fut pas lui qui s'y cacha, ce fut le marquis de Levis.

Pag. 78.

+ oui, quand on les marie à des princes étrangers

régaliens , juſqu'au pouvoir de nommer aux Abayes & aux Evêchés.

Autre erreur groſſiére de Mr. de Buri. Il dit que *l'Edit de pacification de Mars* 1576. *ac-corda aux proteſtans l'exercice public & ſans mo-dification de la Religion prétendue réformée* ; *car c'eſt par un article de cet édit que ce nom fut don-né au calviniſme pour la premiére fois.* 1º. L'é-dit eſt du mois de May & non du mois de Mars. 2º. L'exercice public n'y eſt point accor-dé ſans modification : il eſt reſtraint aux lieux & places qui apartiennent aux proteſtants : il eſt défendu dans la ville & fauxbourgs de Pa-ris & à deux lieues à la ronde , dans les lieux où le Roi tient ſa cour & à deux lieües aux environs : il eſt auſſi prohibé dans les terres & païs qui ſont dela les monts. En France la li-berté de conſcience ne fut jamais pleinement établie , & c'eſt ce défaut dé forme qui a privé l'Etat de ce riche fonds. 3º. Cet édit n'eſt point le premier qui ait donné au calviniſme le nom de Religion prétendue reformée. Ouvrez le re-cueil des édits de pacification : vous trouve-rez ce nom dans l'édit de Mars 1562. , dans celui de Décembre 1563 , en un mot dans tous ceux qui précédérent celui de 1576. hormis le premier où les proteſtants ſont appellés *les* gens de la nouvelle Religion. L'édit de 1576. porte *qu'en tous actes & actions publiques où il sera parlé de la dite Religion, il sera usé de ces mots, Religion prétendue reformée.* Mais cela est bien différent de la remarque de Mr. de Buri. Du reste il a copié cette faute de Mr. le Préfident Hénault, guide peu fûr, abréviateur infidèle, hazardeux dans ses anecdotes, trop court fur les grands événements pour être lu avec utilité, trop long fur des minuties pour être lu fans ennui, trop attentif à ramaffer tout ce qui eft étranger à fon fujet, tout ce qui l'éloigne de fon but, pour obtenir grace fur fes réticences affectées, fur les négligences de fon ftile, fur fes omiffions des faits importants, fur la confufion qui règne dans fes dates; auteur eftimable pourtant, finon par l'exécution, dumoins par le projet, mais fort inférieur à Marcel, quoiqu'il l'ait fait oublier.

Henri, ajoute l'hiftorien, *affecta de paroître fort content de l'edit de* 1576. Il n'y avoit point d'affectation : c'étoit l'édit le plus favorable que les proteftants euffent obtenu : ce fut pour cet édit qu'il combattit depuis, & après chacune de fes victoires il repetoit, *tout ce que je demande, c'eft l'édit de* 1576.

Pag. 97. Mr. de Buri traite affez au long des pre⸗

miers états de Blois. Mais en parlant de la députation que firent les trois ordres au Roi de Navarre, & au Prince de Condé, il omet un fait très confidérable, qui a échapé à tous nos hiftoriens, & ce qui eft plus furprenant, à tout ceux qui dans ces derniers tems ont fait des recherches fur les droits & prérogatives des Parlements : le voici. Les députés furent chargés d'une inftruction dreffée par les états, aprouvée du Roi, de la Régente & du Duc d'Alençon, portant *que les cours des Parlements font des Etats-généraux au petit pié.* En vérité, cette inftruction méritoit d'être citée dans quelqu'une de ces remontrances, où l'on prodigue fi fouvent des arguments foibles & des traits d'éloquence inutiles. Quel plus beau titre le Parlement peut-il alléguer pour s'autorifer à prendre connoiffance des affaires publiques? Il repréfente la nation : il eft un racourci des états-généraux. C'eft la nation elle-même qui le reconnoit, & qui le notifie à l'héritier préfomptif de la couronne, de l'aveu même du monarque. Ainfi qu'on ne dife plus à nos Sénateurs, vous prétendez repréfenter en quelque forte la nation; mais quand vous à-t-elle fait fes députés? où eft votre commiffion? quels pouvoirs avez-vous d'elle? Vouz n'êtes que les

Cela est très faux et ne se trouve dans aucune piece autenti-que. Cette prétendue instruction fut l'ouvrage d'un anonime; de pareilles pieces sont mises au rebut par tous les historiens graves. De Thou n'eut pas manqué d'en faire mention si elle avait eu la moindre autorité.

délégués du Prince pour diftribuer en fon nom
la juftice à fes fujets. Le droit de vous immif-
cer dans les affaires publiques émane d'une commiffion particuliére, qu'il peut étendre, reftrein-
dre, & revoquer à fon gré. Nos Sénateurs
fermeront la bouche aux contredifants, en
alléguant fimplement l'inftruction des états-généraux de 1577. Cette piéce fe trouve dans
quelques recueils, entre autres dans les Mémoires du Duc de Nevers, & dans ceux de
la Ligue.

Pag. 122.   Mr. de Buri fupofe que fon Prince reçut plufieurs bleffures au fiége de Cahors. Cependant
il eft certain que ce fut à la journée d'Auma-
le en 1592. qu'il reçut aux reins un coup de
feu, qui eft la feule bleffure qu'il ait eue en
fa vie.

  Il ne dit pas un mot de la conférence de
Fleix entre le Roi de Navarre & le Duc d'Anjou, de laquelle réfulta la ceffation des hoftilités
& le renouvellement de tous les édits de pacification. C'eft pourtant par l'expofé de ces
fortes de faits, qu'un hiftorien met le lecteur
Pag. 140. en état de juger le Prince. Il plonge Henri
dans une oifiveté de plufieurs années, que dans
le vrai il emploia en combats, en négotiations.
Il lui met de bons livres à la main, auxquels

Il eut , dit-il , *de grandes obligations*. Il ne sçait
point que Henri *abhorroit la lecture*; il n'a point
lu les mémoires de Dupleffis Mornai qui le lui
reproche en termes exprès dans une lettre d'a-
vis où l'on trouve un trait fingulier , & fi fingulier que c'eft beaucoup de l'indiquer aux
curieux.

Mr. de Buri garde un profond filence fur
l'ambaffade que le Roi de Navarre envoya aux
Princes d'Allemagne pour leur communiquer
les projets de la Ligue & pour implorer leurs
fecours. L'inftruction donnée au Vicomte de
Turenne , eft un chef-d'œuvre de fageffe. On
y voit d'ailleurs quelles étoient les vues , les for-
ces & les reffources de ce Prince. Il ne nous
inftruit pas avec plus de foin du célébre voyage du Duc d'Epernon vers Henri en 1584,
ni de la conférence entre Roquelaure & Mar-
miers , ni de l'excellent manifefte que le Roi
de Navarre publia l'année fuivante contre les
Ligueurs , où il fe juftifie fi éloquement de
l'accufation d'héréfie & du crime de relaps.
C'eft un Roi qui parle en philofophe : c'eft
un héros qui donne des leçons aux fages. Du
moins il n'auroit pas dû oublier cette offre
magnanime faite au Duc de Guife de termi-
ner par un duel tous les différends qui dé-

chiroient le royaume, & qui devoient cou
tant de fang. Si de tant de piéces dont il d
voit l'extrait au public, aucune ne lui par
foit affez intéreffante, comment n'être pas
veillé de cette léthargie par la proteftation q
le Roi de Navarre, le Prince de Condé
les Montmorencis publiérent enfemble con
l'édit de Nemours ? Mr. de Buri a eu fous
main des monceaux de diamants, & n'a f
ramaffer que quelques pierres de peu d'écl.

On eft tenté de le louer de cet excès
difcrétion, lorfqu'on lui voit commettre tant
fautes fur les faits qu'il daigne raporter. H
parlant de la bulle d'excommunication lanc
contre le Roi de Navarre, on avoit lieu d'e
pérer des éclairciffements fur la maniére do
elle avoit été obtenue ; mais il fe garde bi
de dire, qu'elle avoit été négotiée par les J
fuites, que le Jéfuite Mathieu qu'on apell
le courier de la Ligue en avoit été l'ardent pr
moteur, qu'elle avoit été déjà minutée p
Grégoire prédéceffeur de Sixte-Quint, que
Confeil de Henri trois eut la lâcheté de fe bo
ner à en empêcher la publication, que le Pri
ce de Condé non moins fenfible que le R
de Navarre fit afficher à Rome un écrit auf
vigoureux contre l'infolence du Pape &c. Ce

faits narrés avec élégance , auroient inftruit & plu fur-tout en ce moment où un Pontife a ofé mettre fous l'anathême les miniftres d'un Bourbon. Mais Mr. de Buri a trop befoin lui-même d'inftruction , pour avoir dû fe charger de celle des autres.

Il eft fi neuf dans l'hiftoire de nos guer-res civiles, qu'il affirme que la victoire de Cou-tras fut la premiére que les proteftans *juf-qu'alors battus* remportérent fur *les catholiques*; Hélas ! les proteftans n'avoient - ils pas été vainqueurs à la journée de St. Dénis , à cel-le d'Arnai-le Duc, à celle de Xaintes ? Qu'il life les mémoires du modefte La Nöue , ceux de Mornai, de Bouillon , d'Agrippa d'Aubigné , l'hiftoire de De Thou : il verra que les hugue-nots ne furent pas toujours battus , & que lorf-qu'ils le furent, il n'y eut pourtant de vraie victoire que pour la mort. Chacune de leurs défaites fut fuivie d'un édit toujours plus fa-vorable.

Mr. de Buri après avoir omis quantité d'é-vénements de l'année 1587 , paffe brufquement à la mort du Prince de Condé. Mais voyez avec quelle négligence il écrit. *La naiffance ,* dit-il, *de Henri fecond fit furfeoir la procédure commencée contre la Princeffe fa mére.* Il fal-

Pag. 190.

le huguenot la beaumelle est bien effronté de dire que les huguenots gagnérent la bataille de St. Denis, et d'oser en appeller à Lanoue qui avoue qu'ils la perdirent, et qui est suivi en cela par le président De Thou et par le président henault. Le combat d'arnay le duc fut indécis de l'aveu du président de Thou livre 47, il n'y eut point de bataille à Xaintes, ce ne fut qu'une ville assiégée et prise. voiez de Thou idem.

Pag. 194.

loit dire que la groſſeſſe de cette Princeſſe fi
ſurſeoir l'exécution de la ſentence qui portoit,
qu'elle ſeroit apliquée à la queſtion. *Un do-*
domeſtique, ajoute-t-il, *nommé Brillant, fut ti-*
ré à quatre chevaux. C'étoit un Avocat nommé
Jean Ancelin Brillant. *Le Juge fut taxé d'avoir*
été trop vite dans ce jugement. Erreur, Brillant
eut tout le temps de ſe défendre. Le Prince
étoit mort de poiſon dès le 5. de Mars ; &
ce ne fut que le 11. de Juillet, que Brillant
fut exécuté. Mr. de Buri donne à penſer
que ce juge étoit René de Cumont Lieutenant particulier de St. Jean d'Angeli, qu'il a
nommé plus haut. Mais c'eſt une mépriſe ſur
l'appel interjetté par Brillant : le Roi de Navarre qui s'étoit rendu à St. Jean pour venger la
mort de ſon couſin, nomma une commiſſion
dont le Préſident fut Jean de la Valette, grand
Prevot de France. *Après ſix années de priſon,*
continue Buri, *la Princeſſe préſenta requête au*
Parlement de Paris, qui ayant évoqué cette affaire
à ſon Tribunal déclara la Princeſſe innocente du
crime dont on avoit voulu la rendre complice. Ce
ne fut point après ſix années de priſon, ce fut
dès l'inſtant de l'accuſation, que la Princeſſe eut
recours au Parlement de Paris. Elle préſenta
une requête ſur laquelle intervint le 6. de May

c'est avocat n'en ̃étoit pas
moins domestique. voiez
les lettres de henri 4.

+ elle n'en presenta pas
moins requête au bout de
six ans. on ne pouvoit
l'absoudre que sur sa
requête.

un arrêt qui ordonnoit l'aport au Greffe des piéces & informations concernant la mort du Prince de Condé, avec défenses aux Commiſſaires nommés par le Roi de Navarre & à tout autre Tribunal de connoitre de ce procès. Car, ajoute le Préſident de Thou, c'eſt un droit qu'ont les Princes du Sang, auſſi-bien que les Pairs du Royaume & leurs femmes, de ne pouvoir être jugés que par le Parlement de Paris, qu'on apelle pour cela la Cour des Pairs. Les Commiſſaires ne firent aucun cas de cet arrêt du Parlement, ils continuérent leurs pourſuites. La Princeſſe fit préſenter une ſeconde requête, ſur laquelle intervint un ſecond arrêt qui réitéroit les premiéres défenſes, & qui de plus leur enjoignoit de ſe rendre en la cour pour répondre aux demandes du Procureur Général. Le Roi de Navarre qui ne pouvoit raiſonnablement confier à un Parlement Ligueur la vengeance d'un Prince ardent ennemi de la Ligue, fit rendre par ſon Conſeil un arrêt, qui ſans avoir égard à celui de Paris ordonnoit qu'on procéderoit au jugement ſuivant la forme qu'on avoit ſuivie juſqu'alors. Cependant il donna ordre que cette affaire demeurat ſuſpendue; & il remit la Princeſſe à la garde du Gouverneur de St. Jean d'Angeli. Mais en 1595. les Montmorencis, les Bouillons, les Mirepoix, les la Trimouilles, & d'autres parents de la prisonniére, ayant présenté requête au Roi pour obtenir que l'accusation fût jugée au Parlement de Paris, Henri y renvoya l'accusée, & lui donna la liberté sous la caution de ces Seigneurs, qui promirent qu'elle se représenteroit toutes les fois qu'il en seroit besoin. Dans le mois de Juillet 1596, c'est-à-dire huit ans après la mort de Condé, le Parlement de Paris, alors persuadé comme aujourd'hui qu'il étoit uniquement & essentiellement la cour des Pairs, cassa tout ce qui s'étoit fait contre la Princesse par un Juge incompétant : & si l'on veut en sçavoir la raison, on la trouvera dans une note du sixiéme volume des Mémoires de Sulli, abregés par l'Ecluse. Le Prince de Conti & le Comte de Soissons protestérent contre l'arrêt qui fit jetter au feu les informations du premier Juge. Mais on leur représenta qu'ils nuiroient à leur neveu en voulant venger la mort de leur frère; & ils se turent. L'arrêt d'absolution de la Princesse de Condé fut enrégistré dans tous les Parlements du Royaume.

Après avoir excessivement vanté le premier Duc de Guise, Mr. de Buri s'avise de rabaisfer le mérite militaire du fecond. Ce Prince avoit pourtant fait de ces actions d'éclat qui rendent un nom immortel. Il avoit délivré Poitiers attaqué par Coligni : il avoit battu à Château-Thierri les troupes Allemandes commandées par Montmorenci-Thoré : il avoit été vainqueur à la journée du pont St. Vincent, à celle de Vimori : enfin il avoit mis le comble à fa gloire par la défaite des Alliés à Anneau dans la Beauce. Voilà l'homme que Mr. de Buri repréfente comme un guerrier médiocre.

Il n'eft pas plus inftruit fur le Comte de Soiffons. Il prétend que ce Prince tomba dans le mépris pour avoir changé fouvent de Religion : c'eft j'ofe le dire une calomnie, dont cet hiftorien eft l'auteur. Le Comte de Soiffons fut toujours inviolablement cath olique ; & lorfque Henri de Navarre voulut lui donner en mariage Mad. Catherine fa Sœur, il ne lui propofa pas de renoncer à la Religion ancienne. Il eft vrai que le Comte de Soiffons après fon voyage furtif en Gafcogne, follicita & obtint une bulle du Pape, qui lui donna l'abfolution du péché qu'il avoit commis en voyant familiérement des hérétiques excommuniés. Mais cette abfolution dont les catholiques eux mêmes plaifantérent beaucoup, loin de prouver

le proteſtantiſme de ce Prince , démontre qu'il
étoit exceſſivement catholique : du reſte Mde
Catherine fut ſi tendrement épriſe du Comte
de Soiſſons , qu'elle refuſa pendant pluſieurs années tous les partis qu'on put lui offrir ; & lorſ-
qu'on lui vantoit le Prince qu'elle refuſoit , *vous
avez raiſon* , diſoit-elle , *mais ce n'eſt pas mon
Comte*.

Mr. de Buri qui s'étend avec complaiſance ſur
l'aſſaſſinat du ſecond Duc de Guiſe , paſſe ſous ſilence une circonſtance qui apartenoit bien à une
hiſtoire de Henri IV. C'eſt que ſur l'avis qu'il en
reçut par le Duc d'Epernon il dit à ſes courtiſans:
»on ne m'en croiroit pas ſi je diſois que cette mort
»m'afflige , puiſqu'il eſt conſtant que Mr. de Gui-
»ſe avoit attenté à la vie du Roi & qu'il trou-
»bloit le Royaume ; mais je puis aſſurer avec
»vérité , , que pluſieurs gentilshommes ſont ve-
»nus s'offrir à moi pour le tuer , non dans la
»vue d'en être récompenſés , mais uniquement
»pour venger l'Etat. Je les ai toujours refuſés
»en les menaçant de ne plus les regarder , s'ils
»inſiſtoient , ni comme des amis , ni comme des
»gens d'honneur. Ce n'eſt point par des aſſaſſi-
»nats que les Rois doivent ſe faire juſtice.

L'année 1591 fut ſurtout remarquable par
des édits modérés du Roi & par des arrêts vi-

goureux du Parlement de Chalons contre le Nonce du Pape qui fut décreté de prife de corps, & contre Grégoire XIV. auquel on contefta la légitimité de fon élection. Mr. de Buri fort attentif à repréfenter l'autorité Royale méprifée, ne dit prefque rien de ces événemens qui la montrent triomphante malgré les efforts des ligueurs & des prêtres ardents à la rabaiffer. Il ne fait pas même au Clergé Royalifte l'honneur de rapeller ce mandement généreux, figné de douze prélats, qui ramenoit parmi l'ordre eccléfiaftique les principales maximes fur lefquelles font fondées les libertés gallicanes.

Une anecdote affez finguliere, c'eft un arrêt de mort que le Parlement de Paris prononça contre le bourreau qui avoit pendu le Préfident Briffon en vertu d'une fentence du Confeil des Seize. Jufqu'alors on avoit cru que les bourreaux ne répondoient pas plus *du mal pendu* que la Tournelle *du mal jugé*. Mr de Buri qui partout où il n'eft pas fautif copie affez fervilement De Thou, a dédaigné cette particularité, affez propre à nous peindre certains hommes.

Une des plus confidérables omiffions de Mr. de Buri, c'eft celle de la difcipline qui s'obferva parmi le Clergé Royalifte pendant les qua-

tre années qui s'écoulérent entre l'avénement
de Henri IV. à la Couronne & son entiére
reconciliation avec le St. Siége. Ce Prince
donna dans cette occasion une grande preuve
de sa prévoyance & de son habileté.

Voy. Hist.
de M. De
Thou.

Il rejetta la proposition qu'on lui fit d'établir
un patriarche en France. Cette dignité étoit bri-
guée par le Cardinal de Lenoncourt, par Re-
naud de Beaune qui y prétendoit en qualité
d'Archevêque de Bourges, par le Cardinal de
Bourbon qui croyoit qu'un grand nom étoit un
titre suffisant. Il jugea que l'autorité d'un patriarche qui embrasseroit la France entiére, seroit une espèce de Souveraineté, qui excite-
roit la jalousie des Evêques, & donneroit peut-
être de l'ombrage au Monarque. Il partagea
donc entre plusieurs cette puissance qui auroi
pu devenir dangereuse eutre les mains d'un
seul. En conséquence il ordonna par un édit
que les nominations aux évêchés, abayes, &
autres bénéfices vacants, seroient confirmée
par le métropolitain, & à son défaut ou su
son refus par le métropolitain le plus prochain
que les Evêques accorderoient les mêmes dis-
penses que le Pape : que tous ceux qui enver-
roient à Rome seroient punis comme perturbateurs du repos public : & que deux prélat

feroient nommés pour délivrer aux Chancelier, Préſidents, Maitres des requêtes & Conſeillers au Parlement l'indult que le Pape leur avoit accordé. Voilà ſous quel réglement le Clergé de France vécut quatre années, malgré les atteintes fréquentes qu'on voulut y donner. Ces exemples du paſſé peuvent être des leçons pour l'avenir: & un hiſtorien doit les tranſmettre fidélement à la poſtérité.

Les deux réticences les plus affeſtées de Buri regardent les ci-devant ſoi-diſants Jéſuites. Il paſſe ſous ſilence le procès que l'Univerſité & les Curés de Paris intentérent à cette ſocieté en 1594. Cependant on auroit lu avec plaiſir dans les plaidoiers de leurs Avocats, le fonds de tout ce qui a été dit de nos jours contre elle dans tant de comptes rendus & de requiſitoires des gens du Roi, qui n'ont fait que copier Antoine Arnauld & Louis Dolé, qui ne parurent pas alors fort convaincans. Secondement il ſuprime l'édit de Janvier 1595. qui chaſſa tous les jéſuites du Royaume. En vain diroit-il qu'il ne l'a trouvé dans aucun recueil d'ordonnances, que ni les mémoires de Sulli, ni ceux du Chancelier Chiverni, n'en font pas la moindre mention, que les lettres & les négotiations du Cardinal d'Oſſat font entendre qu'il n'y en avoit

[note manuscrite en marge :] Cela est très faux. arnaud et Dolé ne parlent point de leurs constitutions qu'ils ne connaissaient pas.

point eu, & qu'il eut ordre du Roi d'affurer le Pape qu'il n'y en auroit point, qu'en un mot on n'en trouve pas le moindre veftige dans un feul écrit du temps. On lui répondroit qu'on en a fait l'heureufe découverte dans le greffe du Parlement de Rouen, & que cette piéce ayant été déclarée authentique par Mrs. du Parlement nos Maitres en hiftoire comme en Jurifprudence, c'eft en quelque forte manquer de refpect à cette augufte compagnie de diffimuler un fait, fi connu aujourd'hui, quoique parfaitement inconnu aux hiftoriens contemporains. D'ailleurs cet édit ne fe trouveroit-il pas couché fur les régiftres du Parlement de BEZIERS, fi ces régiftres n'avoient été long-tems entre les mains d'un Jéfuite ? J'infifte là-deffus, pour montrer que je ne fuis point de l'avis de ces mécréants, qui ofent douter de ce dont les Parlements de France ne doutent pas, & qui n'ont pas la même vénération pour fes décifions fur les points de fait que pour fes arrêts fur des matiéres de droit. Que les ci-devant foi-difants Jéfuites ne nous citent donc plus le Préfident de Thou, qui dans le livre CXIX. de fon hiftoire dit expreffément que le Parlement de Paris avoit fouvent demandé cet édit au Roi, que le Confeil l'avoit

délibéré deux fois, & qu'il ne fut point accor-
dé à cauſe des intrigues des Jéſuites de robe-
courte. Grace à la découverte faite à Rouen,
nous ſçavons mieux que de Thou l'hiſtoire de
ſon tems. Les contrediſants ne ſe rendent point:
ils prétendent qu'il ſeroit bien étrange, que Henri IV. & ſon Conſeil & les Jéſuites n'euſſent
eu aucune connoiſſance de cet édit, & qu'il
eſt prouvé par le ſilence de l'édit de rétabliſſement de la ſociété qu'ils n'en eurent pas la
moindre connoiſſance. Je leur réponds encore que grace à la découverte de Rouen, nous ſçavons mieux l'hiſtoire de Henri IV. que Henri IV. lui - même.

Mr. de Buri rapporte au long l'accueil que
ce Prince fit à Mayenne, ſur lequel il faloit
gliſſer, & gliſſe ſur l'édit de Folembrai qu'il
falloit raporter au long, quand ce ne ſeroit
que pour montrer de quelles chaines le St. Siége l'avoit garotté. 1°. Henri approuva la cauſe
de la guerre qui lui avoit été faite par la Ligue : c'eſt à dire qu'il reconnut qu'un Roi hé-
rétique peut être juſtement exclus de la couronne, à peu près comme l'Evêque la Pariſié-
re haranguant le Roi en 1727 au nom du Clergé lui fit confidence que la *Royauté étoit fondée en France ſur la catholicité*. 2°. Il accor-

da pour 6 ans trois places de fureté au Duc d
Mayenne. Troifiémement il confirma toutes le
nominations que ce rebelle avoit faites aux cha
ges & dignités de l'état. Quatriémement il d
clara le Royaume engagé envers tous les cré
anciers de Mayenne, & tenu de payer tou
tes fes dettes. 5°. Il excepta Mayenne d
nombre de ceux à qui les édits d'amnifti
ne faifoient aucune grace pour avoir atten
té aux jours du feu Roi. Cet article fut l
plus débattu au Parlement, quand l'édit d
Folembrai y fut porté pour y être enrégif
tré. La Reine Louife y fit malgré le Ro
une généreufe oppofition. Il falut négotie
longtemps pour le f ire enrégiftrer puremen
& fimplement. C'étoit un fpectacle finguliei
de voir ce même Parlement qui peu d'année
auparavant avoit commencé une procédure cri
minelle contre l'affaffin des Guifes, en vouloi
venger abfolument l'affaffinat, qu'il avoit fi
hautement aprouvé, & que plufieurs aprou
voient encore en fecret. M. le Préfident
Henault accufe le Duc de Mayenne de n'a
voir pas fçu faire la paix. Pour moi j'ef
time que jamais Roi de France placé dans
les mêmes circonftances, n'en fit une auffi
honteufe, & que le traité de Folembrai met le

comble à la gloire de Mayenne, & la plus grande tache à la vie d'Henri IV. qui eut la foibleſſe de l'accorder aux inſtances de Gabrielle, & ternit la plupart des bonnes actions de Sulli qui le négotia.

Cet illuſtre Sulli avoit tant de qualités éminentes que Mr. de Buri pouvoit bien ſe diſpenſer de *le faire deſcendre des Comtes d'Artois* Tom. III. *contemporains de Charlemagne*; c'étoit la chi-P. I. mére de ce grand homme, & ſes Secretaires ont eu ſoin d'en remplir *ſes économies Royales*. Mais au lieu de l'adopter, il faloit dire que toute la cour s'en mocquoit : & toutes les fois que Henri IV. vouloit dérider le front ſourcilleux de ſon ſurintendant, je vais, diſoit-il, au rapórt d'Agrippa d'Aubigné, je vais l'appeller *mon couſin*, & lui rappeller qu'il deſcend des Comtes ſouverains de Bethune.

Mr. de Buri connoit ſi peu ſon ſujet qu'il prétend qu'en 1596. *les huguenots apréhendoient* Tom. III. *que Henri IV. n'anéantit entiérement les édicts* P. 59. *de liberté de conſcience.* Dans quelles ſources a-t-il donc puiſé ? Quel abſurde écrivain avança jamais un tel fait ? Les huguenots craigni-rent que leur Roi livré aux catholiques Ligueurs ne reſtraignit leurs privilèges, ou plutôt qu'il ne les étendit pas ; mais ils ne crai-

gnirent pas un inſtant pour la liberté de cô
ſcience. Pouvoient-ils oublier qu'il avoit com
battu vingt ans pour elle ? Pouvoient-ils apré
hender qu'un homme ſi bienfaiſant devınt ſu
bitement un Dioclétien, qu'un Prince qui avo
été temoın de toas les maux enfantés par l'in
tolérance, replongeât le Royaume dans u
nouvel abime de malheurs, que celui qui uſo
de tant de clémence & de généroſité enver
ſes plus mortels ennemis, n'eût que des fou
dres à lancer contre ſes amis, & contre de
amis qui pendant quatre années l'avoıent incon
teſtablement fait & ſoutenu Roi de France. Er
vérité Mr. de Buri nous donne là une horri
ble idée de Henri IV. Je ſens bien qu'elle eſ
une ſuite de ce qu'ıl a dıt ſi ridiculement que
Henri ne fut qu'un hipocrite ruſé, tant qu'ı
parut extérieurement proteſtant. Mais cette
folie même n'excuſe point celle-ci. On peur
être fort bon catholique, ſans donner dans le
fanatiſme des Ligueurs : c'eſt même le propre
d'un bon catholique d'être tolérant.

Après cela pardonnons lui d'avoir omis dans
le narré des faits concernant l'aſſemblée des
notables, les demandes que firent les trois ordres. Ces objets d'utilıté publique ne pouvoient
le toucher que fort médiocrement. Que lui

impor

importoient, par exemple, les doléances des députés de Languedoc fur les dépenfes exceffives que coutoit la tenue des états, & les inftances qu'ils firent pour que ces affemblées ne fuffent convoquées que tous les trois ans. Mais ce fait particulier eft précieux pour nous. Nos péres avoient-ils raifon ? Leurs enfants ont-ils aujourd'hui un jufte fujet de fe *condouloir* avec eux ? C'eft un problême que je propofe à tous nos bons citoyens.

Si Mr. de Buri avoit tant de penchant à fuprimer certains faits, il pouvoit bien fuprimer ces propos de Henri IV. fi deshonorants pour les claffes du Parlement féantes en province. » Mon Parlement de Paris eft le feul » lieu où la juftice fe rend aujourd'hui dans mon » Royaume. En la plupart des autres la jufti- » ce fe vend : & qui donne plus, l'emporte fur » celui qui donne moins. Je le fçai, parce » qu'autrefois j'ai aidé moi-même à bourfil- » ler. « Peut-être Mr. de Buri a-t-il cru faire fa cour à ces claffes, & qu'il a regardé la fatire des prédeffeffeurs comme une louange très délicate pour des fucceffeurs qui n'ont garde de leur reffembler.

Un trait d'ignorance bien marqué c'eft le titre qu'il donne à un livre de Mornay fur l'Eu-

[50]

chariftie. C'eft un traité, dit-il, *contre l'Inftitution de l'Euchariftie.* Ce livre de Mornai a
pour titre, *De l'inftitution, ufage & doctrine
du St. Sacrement de l'Euchariftie en l'Eglife ancienne.*

Parmi les anecdotes puériles qu'il a ramaf-
fées, il auroit pu en mettre d'importantes, qui
lui auroient fait pardonner les minutieufes.
Quand il raporte qu'à la mort de Gabrielle
d'Eftrées les courtifans parurent triftes, il auroit pu ajouter qu'ils prirent tous le deuil, &
que le Parlement même députa au Roi pour
lui faire fes condoléances, quoique le chef de
cette compagnie répétât avec jubilation, *La-
queus contritus eft.*

Mr. de Buri ne trouve rien d'étrange dans
l'horofcope de Louis XIII. fait par La Riviére
médecin, au moment de fa naiffance. Cependant toutes fes prédictions s'accomplirent ; & parmi bien des peuples La Riviére auroit été mis
au rang des prophêtes. On y voit l'élévation
de Richelieu, l'abaiffement de la faction proteftante, l'épuifement des finances, le regne
des favoris, la naiffance de Louis XIV. & la
puiffance illimitée de ce Prince, qui par fes
guerres, fes perfécutions, par les maux infépa-
rables de l'abus de l'autorité mit la France à

deux doigts de fa perte , comme La Riviére l'a-
voit prédit.

Le procès & le fuplice du Maréchal - Duc
de Biron eft un des quatre endroits foibles de
la vie de Henri IV. Mr. de Buri fuprime la
défenfe de cet illuftre malheureux. Cependant on eût vu avec fatisfaction dans cette
hiftoire ces traits vigoureux d'une éloquence
guerriére : " Si j'ai commis quelque faute , le
" Roi me l'a pardonnée à Lion. Il ne vous
" apartient pas d'en connoitre. En vain direz-
" vous que je n'ai point obtenu des lettres d'abo-
" lition. C'eft une formalité, dont l'omiffion ne
" doit pas mettre Biron en danger. C'étoit au Roi
" à me les faire expédier. Le projet de traité eft
" écrit de ma main ; mais la datte en eft antérieure
" au voyage de Lion. Vous m'objectez une
" Lettre écrite à ce feélérat de Lafin , dont vous
" admettez le témoignage contre moi , quoi-
" qu'il ait été mon complice. Mais cette mê-
" me lettre démontre que j'avois renoncé à mes
" extravagans projets. Je lui marque, *puif-*
" *qu'il a plu à Dieu de donner un fils au Roi ;*
" *je ne veux plus fonger à toutes ces vanités : ainfi*
" *ne faites faute de revenir.* Mon malheur a
" cette confolation , qu'aucun de vous n'ignore
" les fervices que j'ai rendus au Roi & à l'Etat.

» Je vous ai rétablis, Messieurs, sur les fleurs
» de lis, d'où les Saturnales de la Ligue vous
» avoient chassés. Ce corps qui dépend de vous
» aujourd'hui, n'a veine qui n'ait saigné pour
» vous. Cette main qui a écrit ces lettres
» produites contre moi, est celle qui a fait tout
» le contraire de ce qu'elle écrivoit. Il est vrai,
» j'ai écrit, j'ai pensé, j'ai dit, j'ai parlé,
» plus que je ne devois: mais où est la loi qui
» punit de mort la légéreté de la langue, &
» le mouvement de la pensée ? Ne pouvoit-je
» pas desservir le Roi en Angleterre & en Suisse?
» Cependant j'ai été irréprochable dans ces deux
» ambassades. Et si vous considérez avec quel
» cortége je suis venu, dans quel état j'ai lais-
» sé les places de Bourgogne, vous reconnoi-
» trez la confiance d'un homme qui compte sur
» la parole de son Roi, & la fidélité d'un su-
» jet bien éloigné de se rendre Souverain dans
» son Gouvernement. Assuré de mon pardon,
» je disois en moi-même, le Roi connoit trop
» le fond de mon cœur, pour soupçonner ma
» fidélité. Que s'il ne m'a donné la vie que
» pour me faire mourir, un tel procédé n'est
» pas digne de sa grande ame, & ne peut lui
» être inspiré que par les ennemis de sa gloi-
» re & les miens. J'ai voulu mal faire : Mais

» ma volonté n'a point paffé les termes d'une
» premiére penfée envelopée dans les nuages
» de la colére & du dépit : & ce feroit chofe
» bien dure, que ce fût par moi qu'on com-
» mençât à punir les penfées. Serois-je le feul
» en France qui n'éprouvât point la clémence
» du Roi ? Quoi qu'il en foit , je compte plus
» fur vous , Meffieurs, que fur lui. Dès qu'il
» s'eft réfolu à me remettre en vos mains, il
» tient à vertu de m'être cruel. Mais la clé-
» mence n'eft-elle pas la vertu des Rois ? Cha-
» cun peut donner la mort ; il n'appartient
» qu'au fupérieur de donner la vie. Eh ! ne
» fçait-il pas bien qu'il m'a pardonné ? La Rei-
» ne d'Angleterre m'a dit que fi le Comte
» d'Effex eût demandé pardon , il l'auroit obte-
» nu. Je le demande aujourd'hui ; le Com-
» te d'Effex étoit coupable, & moi je fuis
» innocent. Eft-il poffible que le Roi ait oublié
» mes fervices ? Ne fe fouvient-il plus de la
» conjuration de Mantes ? Ne fe fouvient-il plus
» du fiége d'Amiens, où il m'a vu tant de fois
» couvert de feux & de plomb, courir tant
» de hazards pour donner ou pour recevoir la
» mort ? Le cruel ! il ne m'a jamais aimé , que
» tant qu'il a cru que je lui étois néceffaire.
» Il éteint le flambeau en mon fang après qu'il

» s'en eſt ſervi. Mon pére a ſouffert la mo
» pour lui mettre la couronne ſur la tête. J'
» reçu quarantes bleſſures pour la maintenir
» & pour récompenſe il m'abat la tête des e
» paules. C'eſt à vous, Meſſieurs, d'empêch
» une injuſtice, qui deshonoreroit ſon règne
» & de lui conſerver un bon ſerviteur, à l'Et
» un brave guerrier, & au Roi d'Eſpagne u
» grand ennemi.

Ce diſcours que j'ai extrait d'une rélatic
fort curieuſe, publiée dans le temps du pr
cès & de la mort du Maréchal de Biron, a
joute à l'étonnement où jette toujours cet e
droit de l'hiſtoire de Henri. On ne conçoit p.
pourquoi il ne lui fit pas du moins grace de la vi
Car de dire que cette ſévérité vint de ce qu
ce Prince fut piqué de l'obſtination de Birc
à lui nier tout, c'eſt attribuer au Roi le plu
magnanime le procedé d'un principal de co
lége. Cette obſtination étoit bien une raiſo
pour le livrer à la juſtice, mais aſſurément n
ſuffiſoit pas pour engager le Roi à faire exé
cuter l'arrêt de mort. Il faloit, dit-on, u
exemple. Cela peut être, mais étoit-ce ſu
Biron que cet exemple devoit tomber? D'ail
leurs Biron jetté dans une priſon perpétuelle
n'auroit-il pas ſuffiſamment intimidé les factieux

Que penfer de cette rigueur? D'un côté il eft certain que la fureté de l'état ne l'exigeoit point: de l'autre on ne fçauroit foupçonner Henri d'aucune animofité contre Biron. Il y a dans toute cette affaire un miftère qu'aucun contemporain ne nous a dévoilé, & que vrai-femblablement la fagacité de nos critiques ne pénétrera jamais. Quoi qu'il en foit, il faut plaindre Biron, mais plaindre encore plus Henri IV.

Je fuis bien éloigné de vouloir faire de l'hif-toire un repertoire d'anecdotes fcandaleufes. Cependant je ne fçaurois pardonner à Mr. de Buri, qui entre dans tant de particularités fur les amours de Henri IV. d'avoir non feule-ment diffimulé celles de la Reine Marguerite, mais encore d'avoir tenté de les rendre problé-matiques. Il fait entendre que toutes les preu-ves qu'on a du defordre de fes mœurs, fe ré-duifent *à fon averfion pour fon mari & au peu d'effort qu'elle fit pour fe réunir avec lui: ce qui* Tom. IV, pag. 12. *ne pouvoit manquer de donner lieu à des inter-prétations defavantageufes de fa conduite.* De forte que Marguerite qu'on nous avoit peinte jufqu'ici comme une Meffaline, n'étoit au fonds qu'une imprudente, qu'on *doit blâmer feule-ment d'avoir vécu fi long-temps éloignée de fon*

D 4

mari. Mr. de Buri croit-il donc pouvoir réta-
blir une réputation auffi délabrée que celle de
cette Princeffe? Il faudroit un plus puiffant
génie que le fien pour un pareil exploit. Mais,
dit-il, *on l'a beaucoup accufée d'irrégularité dans
fa conduite fans nous en donner des preuves abfolument convainquantes.* Hé! n'eft-ce donc
rien que le témoignage unanime de tous les
contemporains? Un feul hiftorien a-t-il élevé fa voix pour elle? Un feul s'eft-il récrié
contre la calomnie? De tant de gens de lettres qu'elle avoit à fa cour & à fes gages,
en eft-il un qui ait loué cette partie de fes
mœurs? Comment une Princeffe vertueufe au-
roit-elle paffé auprès de tout fon fiécle, je ne
dis pas pour une femme tendre, vive, capable de quelques moments de foibleffe, mais
pour une perfonne livrée à toutes les fureurs
d'une paffion effrénée, impétueufe dans fes dé-
firs, ardente à chercher tous les rafinements
de la volupté? Le public ne fe trompe jamais jufqu'à ce point. Mais *on ne nous donne
point de preuves abfolument convainquantes de fes
defordres.* Frivole raifon. 1°. Ces defordres font
de nature à n'avoir pas de témoins. En fecond lieu, on n'exige pas d'un hiftorien des témoins pris à ferment: *quis ab hiftorico juratos*

teftes exegit, dit Ciceron. En troifiéme lieu, c'eft un fait certain, que les proteftants défolés de voir leur protecteur fans héritier, le fupliérent fouvent d'y pourvoir : ce qui étoit indiquer au Roi une accufation d'adultère contre Marguerite : feul moyen connu parmi les proteftants d'alors pour caffer un mariage légitime. Et il n'eft pas moins certain que Henri l'auroit employé, fi la fuite des événements ne lui en avoit fourni un autre. Mr. de Buri affure que *les véritables caufes qui avoient donné à Marguerite de l'éloignement pour fon mari, ne font pas entiérement parvenues jufqu'à nous.* Comment ces caufes nous feroient-elles parvenues ? Cette averfion de Marguerite n'a jamais exifté. Henri IV. n'étoit-il pas un homme ? Il eft vrai qu'elle auroit mieux aimé avoir pour époux le fecond Duc de Guife que le Prince de Béarn. Mais ce fut ce penchant même qui de bonne heure infpira de *l'éloignement* pour elle à fon mari. Car dès fes jeunes années elle promit d'être ce qu'elle fut : & Charles neuf étoit fi perfuadé de fon gout pour les plaifirs de l'amour, qu'il dit après avoir figné le contrat : » En donnant ma fœur Margot au Prin- » ce de Béarn, je la donne à tous les hugue- » nots du Royaume. » Depuis, les coquetteries

de Margot vinrent au point, que Henri ne p
décemment vivre avec elle ; & de - là cette lor
gue féparation que Buri attribue à l'averfion
la Princeffe pour Henri, & que tous les hi
toriens attribuent au mépris de Henri pot
elle. Ce qu'il dit des derniéres années de
vie, n'eft pas plus vrai. *Elle fe conduifit le re*
te de fes jours avec beaucoup de fageffe & t
difcrétion : & elle ne donna que des fujets
louer la régularité de fa conduite. Du Pleix
quoique fon Maitre des requêtes, ne nous e
donne pas cette idée. Dans fa vieilleffe elle et
des amants, elle fut dévote, elle fit un mélar
ge bizare des exercices publics de la piété ave
les voluptés fecrettes de l'amour, fort généreu
fe envers les pauvres, mais fort injufte enver
fes créanciers, paffant les jours avec des Théo
logiens ou des Philofophes, mais les nuits ave
des hommes d'élite, participant quelquefoi
aux faints miftères, mais les décriant dans l'oc
cafion par des épigrammes : ame noble, mai
foible & inconféquente ; capable des plus bel
les, des plus grandes chofes, fi le tempera-
ment ne l'avoit entrainée aux plus honteufes.
Enfin cette femme *fi réguliére* mourut acca-
blée de dettes.

L'hiftorien qui écrit la vie particuliére d'un

[59]

Prince doit entrer dans des détails, que l'écrivain des fastes d'une monarchie ne sçauroit se permettre sans avilir la majesté de l'histoire. Mais cette maxime ne justifie point Mr. de Buri d'avoir sâli son livre de quantité de minuties indignes de l'attention & du souvenir d'un honnête homme, telles que les quolibets de la populace contre les chefs de la Ligue, les froides plaisanteries de Henri & de Sulli sur les étrennes de l'année 1606. les platitudes de ce Prince & d'un Maitre d'hôtel. » Sire, Sire, em- » brassez moi la cuisse, car j'aporte de bons me- » lons. Voilà Parfait bien réjoui, dit le Roi, » cela lui fera faire un doigt de lard sur les côtes, » je veux manger aujourd'hui des melons tout » mon saoul. Autant vaudroit écrire l'histoire de Pierrot & de Colinette, que de copier de telles choses. On aime à voir en deshabillé les Maitres du monde, mais non à les voir sur la chaise percée.

Tom. IV. pag. 79.

Presque tout le quatriéme volume est plutôt l'histoire de Sulli que celle de Henri IV. L'auteur observe *que la régence de Marie de Médicis ayant été fort tumultueuse, on l'obligea de la quitter au bout de sept années :* comme s'il étoit permis à un Français d'ignorer que la régence finit au moment où la majorité commence. Il

Pag. 217.

foutient que Ravaillac avoit des complices : &
à l'objection qu'il fe fait, que Ravaillac foutint
toujours qu'il n'en avoit pas, il répond par
cette abfurdité, *qu'il n'a pu donner connoiffan-*
ce de ceux avec lefquels il étoit en liaifon, qui
étant gens de néant avoient eu la facilité de s'ab-
fenter, ce qui lui fit foutenir jufqu'à la mort
qu'il n'avoit aucuns complices, ne pouvant les
indiquer. Mais dans quel cerveau bien orga-
nifé peut-il entrer que Ravaillac n'eût pas dit,
j'ai des complices, mais je ne les ai jamais connus : ils m'ont fait féduire par des gens de mon ef-
pèce, qui après m'avoir comblé de promeffes
ont difparu. Pour moi après avoir mûrement
examiné les différentes opinions fur les auteurs
de l'affaffinat de Henri IV. je crois qu'on ne
fçauroit tirer la moindre induction de la procédure faite contre Ravaillac. Car outre qu'il
fut permis à tout le monde & même au Jéfuite Coton de lui parler, il eft vraifemblable
que la procédure ne fut faite que pour la forme, & que les perfonnes toutes - puiffantes
qui avoient contribué à ce crime, eurent affez
de crédit pour faire dire à Ravaillac tout ce
qu'ils voulurent, ou pour faire dicter par les
commiffaires tout ce que Ravaillac ne dit pas.
Mais quelles étoient ces perfonnes ? Concini

& sa femme, qui au raport de Sulli avoient *eu déjà l'audace d'user de menaces contre la personne de Henri*, & qui avoient d'étroites rélations avec le Ministre de l'Espagnol consterné de voir déjà le Roi à la tête de cinquante mille hommes; le Duc d'Epernon qui détesta toujours Henri, qui fut accusé par la Descomans d'avoir suborné Ravaillac, & qui avoit si bien pris ses mesures, que la Reine fut déclarée régente deux heures après l'assassinat du Roi. Je ne saurois me résoudre à y comprendre Marie de Médicis elle-même, quoique femme violente, jalouse, féroce, issue d'une maison accoûtumée aux forfaits, sans cesse aiguillonnée à celui-ci par la Galligaï, trop attachée à cette cérémonie du sacre, pour n'être pas soupçonnée de l'avoir cru propre à rafermir son autorité prochaine, tout au moins coupable *de n'avoir été*, comme le remarque le Président Hénault, *ni assez surprise ni assez afligée de ce tragique événement*: paroles pleines de sens, & qui font le commentaire de ce fait raporté par Buri, mais malheureusement sans citation de son garant. Concini un des premiers instruits de la mort du Roi, se présente à la porte du cabinet de la Reine, l'entr'ouvre, avance la tête, dit, *il est tué*, la referme & se retire,

Tout le monde sçait que le testament de mort dicté par Ravaillac, fut écrit de maniére qu'il ne sçauroit être déchifré. Le Greffier Voisin n'osa sans doute écrire lisiblement d'affreuses vérités, qui sortoient toutes cruës de la bouche de l'assassin, & qu'aucun commissaire ne perfectionnait, en les rédigeant. Il est vraisemblable que Ravaillac n'ayant plus qu'un moment à vivre, n'eut plus rien à dissimuler. Mais d'où pouvoit partir l'infidélité du Greffier, sinon de ce que le mourant lui dictoit des faits effrayants, & le nom de personnes redoutables. Et quelles personnes un Greffier peut-il redouter en tel cas, sinon celles que leur puissance met au-dessus de la vengeance publique, & à portée d'exercer une vengeance particuliére ? Si des grands seuls avoient été nommés par Ravaillac, le Greffier auroit-il eu pour eux ces ménagements ? Qu'en eût-il apréhendé ? N'eût-il pas vu une entiére sûreté pour lui dans l'autorité des loix, & dans celle de la Reine douairiére ? Une autre réflexion, c'est que Louis XIII. fit assassiner Concini & décapiter sa femme ; qu'il traita fort durement Marie de Médicis & la laissa mourir de misére à Cologne. N'est-il pas vraisemblable qu'on l'avoit secretement instruit des vrais

Ce scélerat en démence ou icy faire entendre que Ravaillac était l'instrument dont la Reine s'était servi . si cela était comment la reine ne l'eut elle pas fait évader pendant les deux jours qu'on le laissa à l'hotel de Retz et que tout le monde lui parlait ? la reine ne devrait elle pas craindre qu'étant apliqué à la question il ne révelat ses instigateurs et qu'on ne remontat jusqu'à elles ? cette seule reflexion à la suitte de tant d'autres ne devrait elle pas entièrement les abominables soupçons que des hommes aussi legers que méchants se plaisent encor à répandre. le présid.t de Thou, le duc de Sully luimême, avouent que la reine éclatait en sanglots et fondait en larmes, Sully dit qu'il n'a jamais rien vu de si touchant, un crime si noir et si réflechi ne permet guéres les sanglots et les pleurs. voiez la justification du président de Thou qu'on a jointe à ce petit ouvrage, les critiques de La Beaumelle sont d'un ignorant, d'un menteur d'un sujet coupable et d'un étourdi ; il s'était déja fait connaître sous tous ces titres.

auteurs du meurtre de ſon père , & que des ſoupçons affreux endurcirent ſon cœur contre tous les mouvements de la nature ? De plus, les illuſtres du temps qui nous ont laiſſé des mémoires , tels que le Duc de Sulli , ſont entendre que les complices de Ravaillac étoient du plus haut rang. Pourquoi aucun d'eux n'at-il oſé les nommer , ni même les déſigner ? C'eſt qu'on ne pouvoit les nommer ou les déſigner alors ſans courir riſque de la vie. Aujourd'hui Mr. & Me. d'Ancre ne ſont plus : & l'on peut reprocher à Marie quoiqu'innocente de ne les avoir pas punis.

Mr. de Buri finit ſon ouvrage par un recueil très mal fait de bons mots d'Henri IV. & par une comparaiſon de ce Prince avec Philippe de Macédoine, qui reſſembloit à Henri, comme Buri reſſemble à Tite-Live.

Diſons un mot du ſtile ſur lequel nos écrivains ſe négligent trop aujourd'hui. Celui de Mr. de Buri eſt lâche & trainant, point de coloris , point de vie : Souvent même il n'eſt pas français. Vous y trouvez , *avoir de l'exac-* Préf. p. 19. *titude à ſon devoir , une réſolution déterminée,* T. I. p. 35. *donner ſes attentions au gouvernement.* Il dit page 328. que *Sixte Quint invectiva la mémoire de Henri* III. que Henri IV. étoit *naturellement miſé-* Tom. III, pag. 198.

ricordieux, expression consacrée à la Divinité:
qu'il fut ordonné *un plus ample informé* pour
un plus amplement informé: que le *Roi fit à
de Vic les plus grands accueils*: il y a là deux
fautes. En parlant de Henri IV. & du Duc
de Parme, il dit *ces deux Princes*. Quand on
réunit un Souverain & un sujet dans la même
phrase, la dénomination de *Prince* cesse d'ê-
tre commune à tous les deux: & qui diroit
en parlant de Louis XV. & de Mr. de Beau-
veau, *ces deux Princes* se sont entretenus des
affaires du Languedoc, diroit une grande sotise.

En ouvrant le tome quatriéme j'y trouve ces
phrases étranges, *Rosni en agissoit ainsi, parce qu'il étoit son ennemi*, pour *en usoit ainsi*.
Ces paroles toutes innocentes qu'elles étoient,
pour *tout innocentes*. *Il le crut coupable, pourquoi il le condamna*: ce barbarisme est familier
à l'auteur. *Rosni fut surintendant des finances*,
pour *surintendant de ses finances*: il est éton-
nant l'immensité de travail que faisoit ce Prince.
*Villeroi & Sillery vinrent ensuite vers Rosni, de
la même part, & n'en revinrent pas plus savants*:
c'est ecrire en Allobroge. Et que dire de cette phrase, *Henri avoit donné & donna par la
suite encore de nouvelles preuves de son amour
pour Mademoiselle de Montmorenci*: Mais il faut
croire

croire qu'il auroit fait par la suite de sérieuses réflexions: car elle n'avoit pas vingt ans, & d'ailleurs
avoit beaucoup de vertus. Si l'on veut un modèle de mauvais stile , le voilà.

Mr. de Buri a comme tous les auteurs son
mot favori. Il a choisi celui d'*homme de mérite*,
qui auprès de bien des gens ne sera pas le sien,
& qui ne signifie plus rien à force d'avoir été
prodigué. Ce mot reparoit à chaque page:
Le Duc de Bouillon étoit un homme de mérite. Préf. p. 24.
Coligni étoit un des Seigneurs de la cour qui T. I. p. 17.
avoit *le plus de mérite. A l'égard de Montmo-* Pag. 18.
renci, *c'étoit un homme de beaucoup de courage*
& de mérite. Le Duc de Nevers étoit un Sei- Tom. II.
gneur *fort méritant. Clément VIII. étoit un Pape de* p. 467.
beaucoup *de mérite. Le Marquis de Pisani étoit* Pag. 281.
un homme *de beaucoup de mérite. Le Cardinal* Tom. III.
de *Médicis étoit aussi un homme de beaucoup de* p. 13.
mérite. Le Maréchal de Matignon, le Baron Pag. 35.
de Seneçai , Rambouillet étoient *aussi des gens*
de mérite. Voilà les traits mâles & variés dont
Mr. de Buri peint les contemporains de Henri IV. Cela rapelle le mot de la Reine Christine ,
ce Mr. Ménage connoit bien des gens de mérite.

Quant aux réflexions , elles sont toutes de
la profondeur de celles-ci: *il fait bon quelque-* Tom. II.
fois d'avoir de la présence d'esprit. La passion p. 64.

Tom. IV.
P. 5.
Tom. IV.
P. 59.

empêche ordinairement de consulter la raison. L
grands génies veulent tirannifer le bien par le mieu
Je n'entends point cette derniére, & aparer
ment Mr. de Buri ne l'entend pas plus que m

Nous sommes malheureux en hiftorier
Nous avons d'excellentes tragédies, des com
dies parfaites, des fables charmantes, des
des fublimes, un poëme épique dont la Fran
ce daigne s'honorer, un roman encore pl
épique & plus poétique que ce poëme. N
géomètres font profonds, nos métaphificie
font clairs; nos chimiftes, nos anatomift
ont fait d'heureufes découvertes; nous avo
même des chefs-d'œuvre d'éloquence, & nou
n'avons pas en notre langue un bon hiftorie
pas un morceau de notre hiftoire qui foit fu
portable. Car les difcours de Boffuet & ceux
Voltaire fur l'Hiftoire univerfelle, font plu
tot des efquiffes de tableaux que des ouvrag
d'hiftoire. D'ailleurs dans l'un de ces peintre
fublimes, on retrouve trop fouvent le théol
gien, & dans l'autre trop fouvent le poëte.

Mais puifque nous ne pouvons guère nou
flatter d'avoir un Tite-Live, un Salfufte, u
Tacite, fur - tout en ce fiécle, où l'efprit fra
çais femble être tombé dans une efpéce d'épui
fement, nous devrions du moins tâcher d'avoi

enfin une bonne hiftoire de la monarchie. Les Anglois ont déja les matériaux d'un corps d'hiftoire de leur pais, grace aux travaux de Thomas Carte & de Rapin Thoiras, dont l'un a fait le dépouillement de toutes les anciennes chartes, & l'autre l'extrait de l'immenfe collection des actes de Rimer. Il ne leur manque plus qu'une main habile, qui mette en œuvre ces matériaux, plus judicieufement que ne l'a fait Mr. Hume, dont la grande réputation en qualité d'hiftorien prouve que le public eft enclin à recompenfer les efforts en ce genre, des mêmes aplaudiffements que les fuccès.

· Pour avoir une hiftoire générale du Royaume, ou du moins quelques hiftoires particuliéres de nos plus grands Rois, il faudroit établir une Société littéraire, qui fût uniquement occupée de ces objets.

· Cette Société auroit le titre d'*Académie d'hiftoire de la patrie*; titre qui la rendroit chére à la nation.

· Elle feroit partagée en deux claffes, l'une d'Académiciens, l'autre de correfpondans.

Le gros de la premiére claffe réfideroit à Paris, où font le tréfor des chartes, les plus anciens cartulaires, les plus amples cabinets de médailles modernes, les collections des plus

rares manuſcrits & les plus nombreuſes biblio
théques.

Ceux qui ſe dévoueroient aux pénibles fonc
tions d'Académiciens, renonceroient à toute au
tre Académie & à toute autre occupation.

Ils ſeroient penſionnés proportionément à leu
travail, non par l'Etat, mais du produit de
mémoires de l'Académie. C'eſt de la compo
ſition des almanacs, qui produit un revenu an
nuel de cent mille francs, que ſont penſionné
les Académiciens de Berlin.

Les correſpondants qui auroient donné quel
que ouvrage hiſtorique adopté par l'Académie
acquerroient le titre d'Académiciens, ſans être
tenus de réſider à Paris.

Les Académiciens pourroient avoir pour mar
que d'honneur un cordon, au bas duquel pen
droit une médaille d'or, dont un côté repré
ſenteroit la France & l'autre le génie de
l'hiſtoire.

Un des ſtatuts de l'Académie ſeroit qu'une
fois établie par des lettres-patentes, elle ne
ſe mettroit ſous la protection d'aucun Prince.
Par - là elle ſe garantiroit de toute influence
de la cour ſur les élections de ſes membres.

Le produit réſultant du débit des ouvrages
de l'Académie, formeroit un fonds ſufiſant,

tant pour penfionner les affociés indigens &
laborieux que pour former une bibliothéque,
& fournir aux fraix d'achat d'une falle d'affemblée, & autres dépenfes néceffaires pour la
correfpondance.

Les correfpondants feroient tenus d'envoyer
réguliérement à l'Académie un mémoire de
tout ce qui feroit arrivé de remarquable durant l'année dans leur ville ou dans leur province.

Tel devroit être à peu près le régime de la
Société dont je donne le projet; elle feroit bientôt oublier fes ainées.

F I N.

AVIS AU LECTEUR.

La piéce qu'on vient de lire paroit aujourd'hu
pour la premiére fois ; la suivante a déja ét
imprimée : mais elle a tant de raport avec l
précédente ; elle vient d'une main si célébre ; ell
est écrite avec tant de gout, & enrichie d'anec
dotes si prétieuses, que nous croyons qu'on nou
saura gré de la remettre sous les yeux du public.

A Geneve le 25. May 1768.

Le Président DE THOU justifié contre les accusations de M. DE BURI, Auteur d'une Vie de HENRI IV.

TOUT homme de Lettres, tout bon Français doit être étonné & affligé de voir notre illustre Président de Thou indignement traité dans la Préface que M. de Buri a mise au-devant de son Histoire de la Vie de Henri IV. Voici comme il s'exprime sur un des plus grands Hommes que nous ayons jamais eus dans la Magistrature & dans les Lettres.

» L'Histoire, dit-il, ne doit point être un
» recueil de bons mots & d'Epigrammes, en-
» core moins de satyres & de médisances, aux-
» quels se livrent les Historiens qui veulent
» donner de l'esprit, & le font souvent aux
» dépens de la vérité. Nous avons beaucoup
» d'Ecrivains qui ont acquis leur principale ré-
» putation par le mal qu'ils ont affecté de di-

» re des Princes & des particuliers, tels font
» entre autres de Thou & Mézerai, Ecrivains
» recherchés par les médifances qu'ils ont ré-
» pandues dans leurs ouvrages, parce que
» beaucoup de perfonnes s'imaginent que ce
» font des actes de vérité.

Il faudroit au moins favoir parler fa Langue lorfqu'on ofe cenfurer fi durement un Hiftorien qui a écrit auffi purement que le Préfident de Thou, dans une langue étrangére,
On ne dit point *donner de l'efprit* tout court;
on dit donner de l'efprit à ceux que l'on fait
parler, & pour cela il faut en avoir. Cette
expreffion *donner de l'efprit*, n'eft pas françai-
fe. On ne dit point *des actes de vérité*, comme on dit des actes de Foi, de Charité, de
Juftice.

» La plûpart des Auteurs, continue-t-il, ont
» voulu imiter Tacite, dont le ftile a gâté beau-
» coup d'Hiftoriens par la malignité de fes ré-
» flexions, qui n'ont rien de naturel, ni d'in-
» nocent «.

Il auroit dû voir que le ftile n'a rien de com-
mun avec la malignité des réflexions; on peut
avoir un bon ou un mauvais ftile, foit qu'on
faffe une fatyre, foit qu'on faffe un panégyri-
que. *Et une malignité qui n'a rien d'innocent*,

eft affurément une phrafe qui n'a rien de fpi-
rituel.

Eft-il permis à un homme qui écrit ainfi,
de reprocher à M. de Thou *du pédantifme ?* Il
le condamne, fur-tout parce qu'il a écrit en
Latin. Ne fait-il pas que du tems de M. de
Thou le Latin étoit encore la langue univerfelle des Savants. Le Français n'était pas formé ; il falloit écrire en Latin pour être lu de
toutes les Nations.

Une telle Préface révolte tout honnête homme ; & lorfqu'on voit enfuite l'Auteur parler
de lui-même, en commençant la Vie de Henri IV, & dire qu'il a déjà donné au Public
la Vie de Philippe de Macédoine, on voit que
ce pédant de Thou, qui peut-être étoit en droit,
par fon rang & fon mérite, d'ofer parler de
lui dans fon admirable Hiftoire, n'a pourtant
point eu un *pédantifme* fi déplacé.

Le fieur de Buri ne devoit ni fe citer ainfi
lui-même, ni infulter un grand homme, mais
il devoit mieux écrire.

» Son courage, dit-il, en parlant d'Henri
IV, » étoit prefque au-deffus de l'humanité. Il
» eft toujours forti des occafions périlleufes,
» victorieux & avec avantage «.

Le terme d'*humanité* fait ici une équivoque

qui n'eſt pas permiſe. Et quand on ſort *vic-*
torieux d'une action périlleuſe, apparemment
qu'on en ſort auſſi avec *avantage.* Ce n'eſt pas
là le ſtile du *pédant de Thou.*

Je ne remarque ces fautes, dans le début de
cette Hiſtoire, que pour faire voir combien il
eſt indécent à un homme qui écrit ſi mal, de
ſe déchaîner contre le plus éloquent de nos
Hiſtoriens. Je ne parlerai point des fautes de
langage qui ſont en trop grand nombre dans
cet Ouvrage, je paſſe à des objets plus importans.

L'Auteur remonte juſqu'à la mort de François I, & dit que ce Monarque laiſſa dans
ſon tréſor quatre millions d'eſpéces. Je ne
veux point trop blâmer ici l'uſage où ſont tant
d'Auteurs de répéter ce que d'autres ont dit;
mais il faut au moins s'expliquer d'une maniè-
re intelligible. Quatre millions d'eſpéces ne
ſignifient rien. *Le pédant de Thou* nous ap-
prend que François I. laiſſa quatre cent mille écus
d'or, outre le quart des revenus, dont le recou-
vrement n'étoit pas encore fait, ce qui ne compoſe
point quatre millions d'eſpéces, mais ſeize cent
mille livres numériques, à trois livres l'écu d'or.

Venant enſuite à la paix de Cateau - Cam-
breſis, faite avec Philippe II, l'Auteur dit,
qu'on rendit les conquêtes de part & d'autre, ex-

cepté *Metz*, *Toul* & *Verdun*. On croirait, par cet énoncé, que Henri II. avoit pris Metz, Toul & Verdun sur Philippe ; mais il les avait prises sur l'Allemagne, & il n'en fut point du tout question dans le traité de Cateau-Cambresis.

Il est bien étrange que dans la Vie de Henri IV. on parle des batailles de Jarnac, de Moncontour, & de la S. Barthelemi, avant de parler de la naissance de ce Prince, de son éducation, & de la part qu'il eut à tous ces événemens ; & il est encore plus étrange que l'Auteur en revenant sur ses pas & en parlant de la St. Barthelemi, ne nomme aucun de ceux qui étoient alors auprès de Henri de Navarre, & qui se cachèrent jusques sous le lit de la Princesse Marguerite, sa femme. Il ne parle point de ceux qui furent égorgés entre ses bras. La réticence sur des faits si intéressans, n'est pas pardonnable.

Il est encore plus répréhensible de ne pas dire que Henri IV. étant gardé à vue après la S. Barthelemi, changea de Religion. C'est un fait si important, & le nom de relaps qu'on lui donna depuis, suscita contre lui tant d'ennemis, & fut pour eux un prétexte si spécieux, qu'il est impossible de se faire une idée nette des traverses qu'il essuya, quand on omet ce qui en a été le principe ; c'est pécher contre la prin-

cipale loi de l'Hiſtoire. Il eſt vrai que quarante pages après, il dit un mot qui ſuppoſe
cette abjuration de Henri IV. Mais un mot qui
n'eſt pas à ſa place ne ſuffit pas ; *& jam nunc
dicat, jam nunc &c.*

Je paſſe bien des fautes de cette eſpèce pour
arriver à la mort du Prince Henri de Condé
en 1587. On ne trouve que cinq ou ſix li-
gnes ſur ce fatal événement. Henri IV, alors
Roi de Navarre, n'étoit qu'à quelques lieuës
de S. Jean d'Angeli où le Prince Henri de
Condé étoit mort. Les lettres qu'il écrivit ſur
cette mort ſont un des plus précieux monuments de l'Hiſtoire, elles ſont connues, elles
ſont authentiques ; on en a déja imprimé quel-
ques-unes ; je tranſcrirai ici les principales,
puiſque l'Auteur de la Vie de Henri IV n'en rapporte pas un ſeul mot.

*Lettre de Henri IV à Coriſande d'Andoin, Com-
teſſe de Grammont.*

» Pour achever de me peindre, il m'eſt arri-
» vé un des plus extrêmes malheurs que je
» pouvois craindre, qui eſt la mort ſubite de
» M. le Prince ; je le plains comme ce qu'il
» me devoit être, non comme ce qu'il m'étoit.
» Je ſuis à cette heure la ſeule butte où vi-

[77]

» fent tous les perfides de la Meffe. Ils l'ont
» empoifonné les traîtres; fi eft-ce que Dieu
» demeurera le maître, & moy, par fa gra-
» ce, l'exécuteur. Ce pauvre Prince, non de
» cœur, jeudi ayant couru la bague, foupa
» fe portant bien; à minuit lui prit un vomiffe-
» ment qui lui dura jufqu'au matin; tout le
» vendredi il demeura au lit, le foir il foupa,
» & ayant bien dormi, il fe leva le famedi ma-
» tin, dîna debout & puis joua aux échecs;
» il fe leva de fa chaife, fe mit à fe promener
» par fa chambre, dévifant avec l'un & avec
» l'autre : tout d'un coup il dit, baillez-moi ma
» chaife, je fens une grande foibleffe; il ne
» fut pas affis, qu'il perdit la parole, & fou-
» dain après il rendit l'ame affis. Les mar-
» ques du poifon fortirent foudain; il n'eft pas
» croyable l'étonnement que celà a porté en ce
» Pays - là. Je pars dès l'aube du jour pour y
» aller pourvoir en diligence. Je me vois bien
» en chemin d'avoir bien de la peine, priez
» Dieu hardiment pour moy; fi j'en échape,
» il faudra bien que ce foit lui qui me gardoit,
» dont je fuis peut - être plus près que je ne
» penfe, je vous demeurerai fidele efclave. Bon
» foir, mon ame, je vous baife un million de
» fois les mains.

Mars 1588.

» Il m'arriva hier, l'un à midi, l'autre au
» soir, deux couriers de S. Jean; le premier
» nous dit, comme Belcastel, Page de Ma-
» dame la Princesse & son valet de chambre,
» s'en étaient suis soudain, après avoir crus
» mort leur maître, avaient trouvé deux che-
» vaux valant deux cens écus, à une hôtellerie
» du faubourg, que l'on y tenait il y avait quin-
» ze jours; & avaient chacun une malette plei-
» ne d'argent. Enquis l'hôte, dit que c'était
» un nommé Brillant qui lui avoit baillé les che-
» vaux, & lui allait dire tous les jours qu'ils
» fussent bien traités; que s'il baille aux autres
» chevaux quatre mesures d'avoine, qu'il leur
» en baille huit; qu'il payerait aussi le double.
» Ce Brillant est un homme que Madame la
» Princesse a mis dans la maison & lui faisait
» tout gouverner. Il fut soudain pris, confesse
» avoir baillé mille écus au Page & lui avoir
» acheté les chevaux, par le commandement
» de sa Maîtresse pour aller en Italie. Le se-
» cond confirme & dit de plus qu'on avoit
» fait écrire par ce Brillant au valet de cham-
» bre, qu'on savait être à Poitiers, par où il
» lui mandait être à deux cens pas de la por-
» te, qu'il voulait parler à lui. L'autre sortit
» soudain, l'embuscade qui était là le prit &

» fut mené à S. Jean. Il n'avoit encore été
» ouï ; mais difoit-il à ceux qui le menoient,
» ha! que Madame eft méchante! que l'on
» prenne fon Tailleur; je dirai tout fans gê-
» ner, ce qui fut fait.

» Voilà ce qu'on a fait jufqu'à cette heure.
» Je ne me trompe guères en mes jugements;
» c'eft une dangereufe bête qu'une mauvaife
» femme. *Tous ces empoifonneurs font Papiftes ;*
» voilà les inftructions de la Dame. J'ai dé-
» couvert un tueur pour moy, Dieu m'en gar-
» dera & je vous en manderai bientôt da-
» vantage. Les Gouverneurs & les Capitaines
» de Taillebourg ont envoyé deux foldats &
» écrit qu'ils n'ouvriraient leur place qu'à moy,
» dequoi je fuis fort aife. Les Ennemis les pref-
» fent, & ils font fi empreffés à la vérifica-
» tion de ce fait, qu'ils ne leur donnent nul
» empêchement; ils ne laiffent fortir homme
» vivant de S. Jean que ceux qu'ils m'envoyent.
» M. de la Trimouille y eft lui vingtiéme feu-
» lement. L'on m'écrit que fi je tardois beau-
» coup, il y pourrait avoir beaucoup de mal
» & grand; cela me fait hâter, de façon que
» je prendrai vingt maîtres & moy & irai jour
» & nuit pour être de retour à Sainte Foy à
» l'affemblée. Mon ame, je me porte affez

» bien de corps, mais fort affligé de l'efprit;
» aimez-moy & me le faites paroître; ce me
» fera une grande confolation; pour moi je ne
» manquerai point à la fidélité que je vous ai
» vouée : fur cette vérité, je vous baife un mil-
» lion de fois les mains.

D'Aimet , Mars 1588.

» J'arrivai hier au foir au lieu de Pons où
» il m'arriva des nouvelles de S. Jean par où
» les foupçons croiffent du côté que les avis
» peu juger.   Je verrai tout demain; j'appré-
» hende fort la vue des fideles ferviteurs de
» la Maifon ; car c'eft à la vérité le plus ex-
» trême deüil qui fe foit jamais vû. Les Prê-
» cheurs Romains prêchent tout haut dans les
» Villes d'ici à l'entour, qu'il n'y en a plus
» qu'une à voir, canonifent ce bel acte & ce-
» lui qui l'a fait, admoneftent tout bon Ca-
» tholique de prendre exemple à une fi chré-
» tienne entreprife, & vous êtes de cette Re-
» ligion! Certes, mon cœur, c'eft un beau
» fujet & notre mifere pour faire paroître vo-
» tre piété & votre vertu, n'attendez pas à une
» autre fois à jetter ce froc aux orties; mais
» je vous dis vrai.   Les querelles de M. d'E-
» pernon avec le Maréchal d'Aumont & Gril-
lon;

[83]

» lon, troublent fort la Cour, d'où je saurai
» tous les jours des nouvelles & vous les man-
» derai. L'homme de qui vous a parlé Brif-
» quefiére m'a fait de méchants tours que j'ai
» fçu & avéré depuis deux jours. Je finis là,
» allant monter à cheval ; je te baife, ma chère
» Maîtreffe, un million de fois les mains.

17. Mars 1588.

Voilà des monumens précieux, abfolument
néceffaires à un Hiftorien qui doit s'inftruire
avant que d'inftruire le public. Ce n'eft pas
la peine de répéter des faits rebattus, & de
tranfcrire fans choix les Mémoires compofés
par les Sécrétaires du Duc de Sulli, & trop
corrigés par l'Abbé de l'Eclufe. Qui n'a rien de
nouveau à dire, doit fe taire, ou du moins fe
faire pardonner fon inutilité par fon éloquence.

Il faut fur-tout, quand on répéte, ne fe pas
tromper. L'exactitude doit venir au fecours de
la ftérilité.

L'Auteur s'exprime ainfi fur le Prince Pala-
in Cafimir, qui vint plufieurs fois faire la guerre en France : » on donna au Prince Cafimir,
» pour le renvoyer dans fes Etats , une fatis-
» faction tant en argent qu'en préfents.

Ce Prince Cafimir ne put être renvoyé dans

Tom. I.
p. 86.

F

fes Etats, car il n'en avait point. Il étoit [
quatriéme fils de Frederic **III**. Electeur Pala
tin ; mais c'était un Prince entreprenant & cou-
rageux, qui offrait fes fervices à tous les pa[r]
tis qui défolaient alors la France. Le Roi Hen
ri **III** lui avait donné une compagnie de cen[t]
hommes d'armes, le Duché d'Etampes & de[s]
penfions. Voilà le Prince que Mr. de Bur[y]
nous donne pour un Souverain, dans une hif[-]
toire où il veut réformer tous ceux qui on[t]
écrit avant lui.

On fait que le Pape Sixte V eut l'infolenc[e]
d'envoyer en 1589 un monitoire par lequel i[l]
ordonnoit au Roi de fe rendre à Rome dan[s]
trente jours pour fe juftifier de la mort du Car
dinal de Guife ; l'Auteur dit : » que le Roi fu[t]
» cité à comparoir dans trente jours à Rome[.]

Il femble par cette expreffion que Sixte-quin[t]
ait écrit ce monitoire en français & qu'il f[e]
foit fervi du langage de notre barreau. Il étoi[t]
écrit en latin felon l'ufage de Rome. L'Au
teur devoit fe fervir du mot de *comparoître* pou[r]
lever cet équivoque.

L'Auteur, après l'affaffinat de Henri III pa[r]
le Jacobin Jacques Clément, ne devoit pa[s]
omettre l'arrêt que porta en perfonne Hen[ri]
IV contre le cadavre du Moine, & l'interro[-]

Tom. I. pag. 287.

gation faite par le grand prévôt de l'Hôtel au Procureur Général Laguefle qui avoit introduit cet affaffin. Lorfqu'on fait une hiftoire de Henri IV en quatre volumes, un fait auffi fingulier ne doit pas être paffé fous filence. Nous avons encore le Procès criminel fait au cadavre. Il commence par le paffeport donné à Jacques Clement par le Comte de Brienne de la Maifon de Luxembourg, & eft figné Charles de Luxembourg, du 29 Juillet 1559, & plus bas, par mondit Seigneur, de Geoffre.

Les Interrogatoires & Confrontations font fignés, François du Pleffis, Seigneur de Richelieu, grand Prevôt de l'Hôtel, de la Guefle, du Mont, Monciries, Gentilhomme ordinaire de la Chambre, d'Aupou, *idem*, Roger de Bellegarde, premier Gentilhomme de la Chambre & grand Ecuyer, Savari de Bonrepos, Gentilhomme ordinaire, Antoine Portail, Valet de Chambre & Chirurgien du Roi. L'arrêt *figné* Henri, & plus bas Ruzé, le 2 Août 1589, eft conçu en ces termes.

Le Roi étant en fon Confeil, après avoir ouï le rapport fait par le Sieur de Richelieu, Chevalier de fes Ordres, Confeiller en fon Confeil d'Etat, Prevôt de fon Hôtel & grand Prevôt de France, du Procès fait au corps mort de feu Jacques Clément Jacobin, pour raifon de l'affaffinat commis en la perfonne de feu bonne mémoire Henri de Valois n'a guères Roi de France & de Pologne. Sa Majefté de l'avis de fondit Confeil, a ordonné & ordonne que ledit corps dudit Clement foit tiré à quatre chevaux ; ce fait, ledit corps brûlé & mis en cendres, jettées en la riviére, à ce qu'il n'en foit à l'avenir aucune mémoire. Fait à St. Cloud, Sadite Majefté y étant.

Un homme qui fait une Hiftoire de Henri IV. après de Thou, Mezerai, Daniel & tant d'autres, doit au moins puifer quelque chofe de nouveau dans les fources. Et ce n'eft pas la peine d'écrire quand on ne fait que répéter & tronquer fans ordre & fans liaifon des faits connus de tout le monde.

Ce qui fait peine encore dans cette Hiftoire, c'eft que les événements n'y font prefque jamais à leur place. On y parle fouvent de faits dont on n'a précédemment donné aucune idée ; le Lecteur ne fait point où il en eft, il fe trouve continuellement égaré ; en voici un exemple :

Tome I.
p. 142.

En parlant de la mort du Duc d'Anjou dernier fils du Roi Henri II, l'Auteur s'exprime ainfi ; » le bruit courut qu'il avoit été em-

»poifonné , mais la véritable caufe de fa mort
»fut le chagrin qu'il avoit conçu du mauvais
»fuccès de fes entreprifes & en dernier lieu
»de celle d'Anvers.

Mais par qui & pourquoi auroit-il été empoifonné ? Quelles étaient fes entreprifes ?
Quelle était celle d'Anvers ? C'eft ce que
l'Auteur ne dit pas ; & c'eft fur quoi de Thou
& Mezerai , que l'Auteur méprife fi fort , donnent de grandes lumiéres.

»Le Légat voyant une armée victorieufe Tom. II.
»près de Paris. « Quel étoit ce Légat ? il étoit P. 32.
important de le favoir , l'Auteur n'en dit qu'un
feul mot dans le 1er. tome. Il devait dire
que Sixte-Quint envoya en France le
Cardinal Caëtan avec le Jéfuite Bellarmin
& Panigarole , & que tous trois étaient vendus à Philippe II ; qu'il arriva à Lyon le 9.
Novembre 1589 ; que Henri IV. en le
déclarant fon ennemi , & en proteftant de nul-
lité contre toutes fes entreprifes , eut la géné-
rofité & la prudence de le faire recevoir
avec honneur dans toutes les Villes qui
lui obéiffaient. Il falait furtout dire que
ce Légat dont le Duc de Mayenne fe défiait
autant que Henri IV , cabalait alors , c'eft-
à-dire en 1590 , pour faire donner le

Royaume de France à l'Infante Claire Eugenie.

Les Etats de la Ligue tenus en 1593, furent l'époque la plus célébre & la plus critique qu'on eût vue en France depuis les temps de Philippe de Valois & de Charles VI. Il s'agissait non-seulement d'abolir la Loi Salique, comme sous le régne de Philippe, mais de placer une fille sur le Trône, & même une fille étrangère. Philippe II promettait cinquante mille hommes pour soutenir l'élection de l'Infante Claire Eugenie qui devait épouser le fils du Duc de Guise le Balafré, tué à Blois.

Le Duc de Mayenne qui avait alors dans Paris la puissance d'un Roi de France, sans en avoir le titre, allait perdre tout le fruit de la guerre civile & devenir le premier Sujet de son Neveu dont il était jaloux.

Henri IV., sans argent & presque sans armée, ayant contre lui les Catholiques, & environné de factions, n'aurait pu résister, probablement, aux trésors & aux armes de Philippe II, le plus puissant Monarque de l'Europe. Le Duc de Mayenne sauva la France en ne consultant que ses propres intérêts & sa jalousie contre le jeune Duc de Guise. Il était trop Roi dans Paris, pour ne pas empêcher qu'on lui donnât un Roi. Maitre du Parlement de la Ligue siégeant à Paris, il est très vraisemblable qu'il engagea sous main ce Parlement à rompre les mesures des Espagnols, à protester contre l'élection d'une Infante, à soutenir la Loi Salique. Ce fut principalement ce qui déconcerta les Etats.

Le Président de Thou ne descend pas sans doute jusqu'à rapporter ces Harangues basses & ridicules de la Satyre Ménipée, au lieu de rapporter la substance de ce qui fut en effet proposé. Il est trop grave, trop sage, trop instruit, pour dire que la Satyre Ménipée *ouvrit les yeux à beaucoup de personnes*, & *contribua à faire rentrer* dans leur devoir une partie de ceux qui s'en étaient écartés.

C'est bien mal connaitre les hommes, que de prétendre qu'une Satyre empêche des hommes d'Etat de poursuivre leurs entreprises.

Il est très certain que la Satyre Ménipée ne parut point pendant la tenue des Etats; elle ne fut connue qu'en 1594, plusieurs mois après l'abjuration du Roi. La première Edition fut commencée sur la fin de l'année 1593, & ne fut achevée que quand le Roi fut entré dans Paris. Cela est incontestable, puisque tout l'Ouvrage ne fut achevé & ne put l'être qu'en 1594; car il y est parlé de plusieurs faits

qui ne fe paſſérent que longtems après la diſ
ſolution des Etats , comme l'aventure du Con
ſeiller d'Amour , celle de Mr. Vitri , du ban
niſſement de d'Aubray & du meurtre de S
Pol.

Mr. de Buri croit s'appuyer de l'Abreg
Chronologique du Préſident Haïnaut , qui di
que la Satire Ménipée ne fut guère moins uti
le à Henri IV. que la bataille d'Ivry ; mais
il ajoute *peut-être* , & il fait très-bien.

Ce qui réellement porta le dernier coup
aux Etats , & ce qui mit Henri IV ſur ſon
Trône , ce fut le parti qu'il prit d'abjurer ; & c'é-
tait en effet le ſeul parti qui reſtât à ſa politique. Le
mot ſi célébre de ce Monarque, *ventre-ſaint-gris,*
Paris vaut bien une Meſſe, eſt une plaiſanterie
ſi connue , & en même tems ſi innocente,
ſur-tout dans un tems où la liberté des ex-
preſſions était extrême , que l'Auteur n'a aucune raiſon de nier cette ſaillie de Henri IV.
Il faudrait pour être en droit de la nier , raporter quelque autorité contraire , & il n'en
produit , ni n'en peut produire aucune.

La fameuſe Lettre de Henri à Gabrielle d'E-
trées , conſervée à la Bibliothéque du Roi,
eſt un monument qui confond aſſez la Critique

de Mr. de Bury. Ces mots, *c'est demain que je fais le saut périlleux*; ces gens-ci me feront haïr *St. Denis autant que vous haïssez Monceaux &c.* sont plus forts que ceux - ci, *Paris vaut bien une Messe*; & son apologie auprès de la Reine Elisabeth achève de mettre dans tout son jour le véritable motif de ce grand événement.

Il se fait apparemment un mérite de copier ici le Jésuite Daniel, qui dit qu'au tems des conférences de Surênes, Henri IV *était déja catholique dans le cœur.* Mais comment pouvait-il être catholique dans le cœur en ce tems-là, puisque pendant le Siége de Paris, qui précéda de très-peu ces conférences, le Comte de Soissons l'étant venu assurer qu'il serait reçu dans la Ville s'il se faisait catholique, il lui répondit deux fois, *qu'il ne changerait jamais de religion.* Ce fait est attesté dans plusieurs Mémoires, & sur-tout dans le *Discours des choses plus notables arrivées au siege de Paris, & de la défense de cette Ville par Monseigneur le Duc de Nemours contre le Roi de Navarre.* N'est - il pas bien évident, que Henri IV. ne voulut pas changer tant qu'il espéra de se rendre maitre de la Ville, & qu'il changea enfin lorsque le Duc de Parme eut fait lever le siége ? Il faut avouer que

le Duc de Parme fut fon véritable convertiſ-
feur. La vérité doit l'emporter fur les ſubter-
fuges du Jéſuite Daniel.

Mr. de Buri ne ſe trompe pas moins en di-
ſant que *le Cardinal Tolet fut celui auquel Henri eut le plus d'obligation de l'abſolution du Pape.*
C'eſt ſans doute à ſon épée & à la dextérité
du Cardinal d'Oſſat que ce héros en eut toute l'obligation, & non pas à un Jéſuite Eſpa-
gnol qui ſervit fort peu dans cette affaire &
qui n'employa ſon faible crédit que dans la
vue d'obtenir le rappel des Jéſuites, chaſſés
alors de France par arrêt du Parlement. Car
l'abſolution inutile & arrachée au Pape Clément
VIII. eſt du 17 Septembre 1595, & le banniſſe-
ment des Jéſuites eſt du 29 Décembre 1594.

Remarquez que je dis ici abſolution inutile,
parce que Henri IV. avait été abſous par les
Evêques de ſon Royaume, parce qu'il était abſous
par Dieu même; parce que la prétention du Pape
que Henri ne pouvait être légitime poſſeſſeur
de ſon Royaume, que ſous le bon plaiſir ultra-
montain, était la prétention la plus abſurde
& la plus attentatoire à tous les droits d'un Souverain & à tous ceux des Nations.

N'eſt-on pas un peu révolté quand on voit que
Mr. de Buri ne parle pas ſeulement de la clau-

se qui fut inférée un mois entier dans l'abfolution donnée par le Pape Clément VIII: *Nous
réhabilitons Henri dans fa Royauté.*

Certes çe ne fut pas le Cardinal Tolet qui
fit rayer cette formule criminelle digne tout-au-
plus de Grégoire VII. ou de Boniface VIII.
& dont la feule lecture nous faifit d'indignation.
Nous réhabilitons Henri dans fa Royauté ! Quoi?
un Evêque de Rome fe croit en droit de donner & d'ôter les Royaumes ! & l'Europe entiére n'a pas puni ces attentats ! & un Ecrivain qui donne la vie de Henri IV. les fuprime !

Mr. de Bury dit que les Ecrivains Hugue- Tom. II.
nots raportaient par dérifion que Henri s'était Pag. 431.
foumis à recevoir des coups de fouet par procureur. Ce ne font point les Huguenots qui
ont parlé ainfi les premiers, c'eft Mezerai lui-
même, dont voici les paroles: *Les Politiques
reprochérent au Cardinal du Perron, que pour
mériter la faveur du Pape il avait foumis fon
Roi à recevoir des coups de bâton par procureur.*

Du Perron pouvait épargner au Roi cette
cérémonie, mais il voulait être cardinal. Les
Evêques de France qui avaient reçu l'abjuration du Roi, n'avaient eu garde de propofer
cette efpéce de pénitence, qui aurait été regardée dans un tems plus heureux comme un

crime de Lèze-Majeſté ; à plus forte raiſon un Evêque de Rome n'avait pas le droit de faire cette inſulte à un Roi de France.

Une choſe plus importante eſt le parricide commis par Jean Chatel, pour lequel les Jéſuites avaient été chaſſés.

Tom. II. p. 414. » La maiſon du pére de Chatel fut raſée, & » le prix des démolitions fut employé à la con- » ſtruction ſur le terrein où elle était ſituée, » d'une pyramide à quatre faces, avec pluſieurs » inſcriptions à la louange du Roi, & ſur le » danger qu'il avait couru. Cette affaire des » Jéſuites penſa cauſer au Roi de grands em- » barras à Rome.

Premiérement, il n'eſt pas vrai que la pyramide érigée par arrêt du Parlement, ne contînt que des louanges pour le Roi, & des inſcriptions ſur ſon danger, comme l'Auteur l'inſinue. On grava ſur le côté qui regardait l'Orient ces propres mots ;

Pulſo tota Gallia hominum genere novæ ac maleficæ ſuperſtitionis , qui Rempublicam turbabant, quorum inſtinctu piacularis adoleſcens facinus inſtituerat.

On a chaſſé de toute la France ce genre d'hommes d'une ſuperſtition nouvelle & pernicieuſe ; perturbateurs du Royaume , pour avoir induit un jeune homme à commettre un parricide par pénitence.

Ce mot *pénitence* répond précifément à *pia-cularis*, & devient par-là un des plus fingu-liers monuments qui puiffent fervir à l'hiftoire de l'efprit humain.

On ne fort point d'étonnement de voir que l'Auteur appelle le parricide commis contre Henri IV, *cette affaire des Jéfuites*. C'eft affu-rément une finguliére affaire.

Je paffe enfin au grand & terrible événe-ment qui priva la France du meilleur de fes Rois, & qui changea la face de l'Europe. Je ne vois pas fur quoi Mr. de Bury raporte que dès que Conchini, depuis Maréchal d'Ancre, fut la mort de Henri IV, il fe préfenta à la porte du cabinet de la Reine, l'entr'ouvrit, avança la tête & dit, *è amazzato*, la ferma & fe retira.

On fent la valeur de ces paroles, & les af-freufes conféquences d'un pareil difcours. En-tr'ouvrir la porte, dire fimplement *il eft tué*, & le dire à la Reine, à la femme du mort : pro-noncer, dis-je, *il eft tué*, fans prononcer le nom du Roi, comme fi le pronom *il* avait été un terme convenu entr'eux, refermer la porte fur le champ, comme pour aller pourvoir aux fuites de l'affaffinat! Quelles conféquences, quels crimes n'en réfultent-ils pas !

Quand on allégue une accusation si terrible, il faut dire d'où on la tient, examiner si l'Auteur est croyable, peser exactement toutes les circonstances, sans quoi l'on se rend coupable d'une prodigieuse témérité. Cette anecdote ne se trouve ni dans de Thou, ni dans Mezerai, ni dans aucun des Mémoires du tems un peu connus. Si elle était vraie, elle prouverait trop sans doute.

On se souviendra long-tems dans une Province de France du supplice d'un homme en place, qui fut convaincu d'un assassinat sur une parole à-peu-près semblable qu'il avait dite devant témoins. Il venait de tuer le mari d'une femme dont il était amoureux. Cette femme était alors au Spectacle; il va dans sa Loge immédiatement après avoir fait le coup, & lui dit en l'abordant, *il dort*. Ce seul-mot conduisit les Juges à la conviction du crime.

Quoi ! l'Auteur ose accuser Mr. de Thou de témérité, de malignité ! Et lui-même, sans aucune raison, sans aucune autorité, intente une accusation qui fait frémir !

Je dois dire un mot de la prétendue paix universelle à laquelle Henri IV, dit-on, voulait parvenir par la guerre, dont l'événement est toujours incertain.

S'il y avait eu la moindre apparence au prétendu projet de Henri IV de partager l'Europe en quinze Dominations, & d'établir un tribunal perpétuel, on en trouverait quelques traces dans les Mémoires de Villeroi, dans ceux de tant d'autres hommes d'Etat, dans les archives d'Angleterre, de Venife, dans ceux des Princes Proteftants fi attachés à Henri IV, & fi intéreffés à cette balance générale. Il ne fe trouve aucun monument de ce deffein. Ce filence univerfel doit produire un doute raifonnable.

Il n'eft pas naturel que Mr. de Villeroi, qui eut la confiance de Henri IV, ignorât un projet fi extraordinaire qui regardait uniquement fon département. Les Secrétaires qui compilèrent les Œconomies politiques attribuées au Duc de Sulli, lorfqu'il étoit âgé de quatre-vingt ans, font les feuls qui parlent de cette étrange idée.

Je vais examiner une chofe non moins étrange: c'eft la comparaifon de Henri IV avec Philippe Roi de Macédoine.

Si le judicieux de Thou avait voulu comparer Henri avec quelqu'autre Monarque, il aurait choifi un Roi de France. On aurait pu trouver un peu de reffemblance entre lui

& Charles VII. Tous deux eurent une guerre civile à soutenir, tous deux virent l'étranger dans la Capitale. Les Anglois y bravérent quelque tems Charles VII, & les Espagnols Henri IV : ils regagnérent l'un & l'autre leur Royaume pied à pied, par les armes & par les négociations. Tous deux au milieu de la guerre eurent des Maîtresses.

Le parallèle est assez frappant, & il est tout à l'honneur de Henri IV, qui par son courage, son application & sa sagesse dans le gouvernement, l'emporte sur Charles au jugement de tout le monde.

Pourquoi donc choisir le pére d'Alexandre pour le comparer au pére de Louis XIII? Ce qui fonde cette comparaison chez Mr. de Bury, c'est que Philippe s'empara de la Couronne de Macédoine au préjudice d'Amintas son neveu, dont il était tuteur, & que Henri était héritier légitime.

Qu'Epaminondas présida à l'éducation de Philippe, & que Florent Chrétien fut Précepteur de Henri IV.

Que Philippe construisit des Flotes, & que Henri n'en eut jamais.

Que Philippe trouva des mines d'or dans

la

la Thrace, & que Henri IV. n'en trouva pas chez lui.

Que Philippe fut tellement couvert de bleſ-ſures, qu'il en devint borgne & boiteux, & que Henri IV. conſerva heureuſement ſes yeux & ſes jambes.

Que Démoſthène excita les Athéniens con-tre le Roi de Macédoine, & que des Cu-rés prêchérent dans Paris contre le Roi de France.

Il eſt vrai que ce parallele eſt relevé par les louanges de Salomon, du Roi d'Angle-terre d'aujourd'hui, du Roi de Dannemarck & de l'Impératrice Reine de Hongrie, ce qui fera ſans doute débiter ſon livre dans tou-te l'Europe. Une telle ſageſſe manqua au Préſident de Thou.

Finiſſons par les prétendus bons mots, dont la tradition populaire défigure le caractère de Henri IV.

Qu'un païſan qui avoit les cheveux blancs & la barbe noire, ait répondu au Roi, *que ſes cheveux étoient de vingt ans plus vieux que ſa barbe*, c'eſt un bon mot de ce païſan & non pas du Roi. Ce conte eſt imprimé dans des facéties Italiennes, plus de dix ans

G

avant la naiſſance de Henri IV., & la plûpart de ſes facéties ont fait le tour de l'Europe.

Qu'un autre païſan ait apporté au Roi du
fromage de laict de bœuf, c'eſt une inſipidi-
té bien indigne de l'hiſtoire, & ce n'eſt pas
Henri IV. qui l'a dite.

Mais qu'il eut fait battre de verges ſept
ou huit Praticiens aſſemblés dans un cabaret
pour leurs affaires, & que Henri ait exercé
ſur eux cette indigne vengeance, parce que
ces bourgeois n'avaient pas voulu partager
leur diner avec un homme qu'ils ne connoiſ-
ſaient pas; c'eût été une action tyrannique,
infâme, non ſeulement indigne d'un grand
Roi, mais d'un homme bien élevé. C'eſt l'E-
toile qui rapporte cette ſotiſe ſur un ouï dire.
L'Etoile ramaſſait mille contes frivoles, débi-
tés parmi la populace de Paris. Mais ſi une
pareille action avait la moindre lueur de vrai-
ſemblance, elle déshonorerait la mémoire de
Henri IV. à jamais; & cette mémoire ſi chère deviendrait odieuſe. Le bon ſens & le bon
goût conſiſtent à choiſir dans les anecdotes de
la vie des grands hommes ce qui eſt vraiſem-
blable, & ce qui eſt digne de la poſtérité.

Le grave & judicieux de Thou ne s'eſt jamais écarté de ce devoir d'un Hiſtorien,

[99]

Si Mr. de Bury a cru rendre fon ouvrage
recommandable en décriant un homme tel que
de Thou, il s'eſt bien trompé. Il n'a pas ſu
qu'il y avait encore dans Paris des hommes
alliés à cette illuſtre famille, qui prendraient la
défenſe du meilleur de nos Hiſtoriens, & qui
ne ſouffriraient pas qu'on attaquât en mauvais
français, une hiſtoire chère à la Nation, & é-
crite dans le latin le plus pur.

F I N.

Voir dans l'avis aux bons catholiques, imprimé à
Toulouse, et qui est parmi les recueils de la ligue [à la bibliotheque du Roi]
Si dans cet écrit la validité du mariage de Jeanne
d'albret avec antoine de Bourbon est contestée.
et s'il est vrai que le pape Grégoire 13 signifia qu'il
ne regardait pas ce mariage comme légitime. cette
derniere partie de l'anecdote me parait entierement
fausse.

2°   voir si dans le contract de mariage de marguerite
 de Valois et du prince de Bearn, [Jeanne d'albret] ~~marguerite de valois~~ prit la qualité de [majesté] fidélisime.

3° Consulter les manuscrits concernants les premiers
états de Blois, et voir si les déjputés furent chargés
d'une instruction, portant, que les cours des
parlements sont les états généraux au petit pied.

4° Savoir si marguerite de valois [reine de navarre]
eut en dot les Sénéchaussées du Querey et de
l'Agenois, avec le pouvoir de nommer aux

Evêchés et aux abbaïes.

5°. Savoir s'il est vrai que la sentence rendue par le
juge de St. Jean d'angeli porte, que la princesse de
Condé sera apliquée à la question.

6°. Savoir si par l'édit de mars 1552. et l'édit de décembre
1563. la nouvelle religion est véritablement
autorisée, et si elle y est appellée, Religion
prétendue réformée.

7°. S'il est vrai que Jeanne d'albret se soit opposée
longtems au mariage de marguerite de valois
avec le prince de Bearn son fils depuis henri avec
marguerite

addition de Voltaire

8°. S'il est vray qu'en dernier lieu on ait retrouvé au greffe
du parlement de Rouen, un édit de henri 4 du
janvier 1595. qui chassait tous les jesuites du
roiaume. il est sur que henri 4 assura le pape
qu'il ne donnerait point cet edit. De Thou dit
que cet edit ne fut point accordé. ce fait est
très important.

9°. Savoir s'il est vrai que le roi charles neuf ne fut déclaré
majeur qu'à l'age de vingt deux ans. il fut pourtant

Sacré en 1380 agé de treize ans et quelques jours,
et le sacre fesait cesser la régence.

n'est il pas vray qu'avant l'edit de charles cinq
les rois etoient majeurs a vingt et un ans, et non
a vingt deux ?

du 31.º 8.bre 1768.   à m.r le président hénaut. —
à ferney.

ah! nous voilà d'accord, mon cher et illustre —
confrère. ouï sans doute, j'y mettrai mon nom, quoi que
je ne l'aie jamais mis à aucun de mes ouvrages. mon
amour propre se réserve pour les grandes occasions, et
je n'en sais point de plus honorable que celle de
défendre la vérité et vôtre gloire. j'avais déja
prié M.r Marin de vous engager à me prêter les
armes d'achille à vôtre patrocle qui espère ne pas
trouver d'hector. je lui ai même envoié en dernier
lieu, une liste des faits qu'on ne peut guères vérifier
que dans la bibliothèque du Roy, me flattant que M.r
l'abbé Boudot voudrait bien se donner cette peine.
je vous envoie un double de cette liste ; elle consiste
en dix articles principaux qui méritent des
éclaircissements.

Vous jugerez par ces articles même, que le
critique a de profondes et de singulières connaissances
de nôtre histoire, quoi qu'il se trompe en bien des
endroits.

Il serait convenable que vous lussiez cet ouvrage
vous seriez bien plus à portée alors de m'éclairer.
vous verriez combien le stile, quoi qu'inégal, peut
faire d'illusion. je sais qu'on en a envoié à paris six
cent éxemplaires de la premiere édition, et que le
débit n'en a pas été permis ; mais l'ouvrage est
répandu dans les provinces et dans les païs étrangers.
il est surtout vanté par les protestans ; et comme

l'auteur semble vouloir deffendre la mémoire
de henri 4 il devient par-là cher aux lecteurs
qui n'approfondissent rien.

Vous voiez évidemment par toutes ces raisons
qu'il est absolument nécessaire de le réfuter.
Mr. Marin a entre les mains une carte du
laquelle l'imprimeur m'a écrit que l'ouvrage est de
Mr. Le marquis de Bellestat. mais je suis persuadé
que ce libraire m'a trompé, et que l'auteur a joint
à toutes ses hardiesses celle de mettre ses critiques
sous un nom qui s'attire de la considération.

Mr. Le Marquis de Bellestat est un jeune homme de
mérite qui m'a fait l'honneur de m'écrire quelquefois.
le stile de ses lettres est absolument différent de celui
de la critique qu'on lui impute. mais on peut
avoir un stile épistolaire naturel et faible, et un
stile plus fort et plus recherché pour un
ouvrage destiné au public.

Quoi qu'il en soit; je lui ai écrit en dernier
lieu pour l'avertir qu'on lui attribue cette piece.
je n'en ai point eu de réponse. peut être n'est-il
plus à montpellier dont il avait daté les dernieres
lettres que j'ai reçues de lui.

Vous voilà bien au fait, mon cher et illustre
confrère ; vous jugerez si j'ai cette affaire à cœur.
Si votre gloire m'est chère ; si un attachement de
quarante années peut se démentir. je vous répéterai
icy mon ancienne maxime en fait d'ouvrages de

goût il ne faut jamais répondre, en fait d'histoire
il faut répondre toujours. J'entends quand c'est sur les
choses qui en valent la peine, et principalement celles qui
intéressent la nation.

Si vous m'envoyiez, ~~mon cher et illustre confrère~~,
les instructions qui me sont nécessaires, je vous
prie de me les adresser par M.ʳ Marin qui me
les fera tenir contresignées.

Il ne me reste qu'à vous embrasser avec la tendresse
la plus vive, et à vous souhaitter une vie longue et
heureuse que vous méritez si bien. tant que la
mienne durera, vous n'aurez point de serviteur
qui vous soit plus inviolablement attaché,

5.e Juillet 1769. à Ferney.

Vous savez, Monsieur, que vers la fin de l'année passée, il parut
une brochure intitulée, Examen de la nouvelle histoire de
henri 4. par M.r le marquis de B***

On est inondé de brochures en tout genre; mais celle cy se
distinguait par un stile brillant, quoi qu'un peu inégal. Le
titre porte qu'elle avait été lue dans une séance d'académie, et
cela était vrai. De plus, tout ce qui regarde l'histoire de
france interesse tous ceux qui veulent s'instruire, et ce qui
concerne henri 4. est très précieux. on traittait dans cet
écrit plusieurs points d'histoire qui avaient été jusqu'icy assez
inconnus.

On y assurait que le pape Gregoire 13 n'avait pas reconnu
la légitimité du mariage de Jeanne d'albret et d'antoine
de Bourbon père de henri 4.

2.o Que cette même Jeanne d'albret avait pris la qualité
de majesté fidélissime.

3.o On affirmait que marguerite de Valois eut en dot les
Sénéchaussées du Quercy et de l'agenois avec le pouvoir de
nommer aux Evechés et aux abbaies de ces provinces.

Il y avait beaucoup d'anecdotes très curieuses, mais dont la

plusspart se sont trouvées fausses par l'examen que Mr
L'abbé Boudot en a bien voulu faire.

Ce qui me choqua le plus dans cette critique fut l'extrême
injustice avec laquelle on y censure l'ouvrage très utile et
très estimable de Mr le Président hénaut.

Ce fut pour moi, vous le savez, Monsieur, une affliction
bien sensible quand vous m'apprîtes que plusieurs personnes
me feraient une injustice encor plus absurde en m'attribuant
cette même critique dans laquelle il y a des traits contre
moi même. je demandai la permission à Mr le Président
hénaut de réfuter cet ouvrage, et je priai Mr L'abbé
Boudot, par votre entremise, de consulter les manuscrits
de la bibliothèque du Roi sur plusieurs articles. il eut la
complaisance de me faire parvenir quelques instructions,
mais le nombre des choses qu'il fallait éclaircir était si
considérable, et cette critique fut bientôt tellement confondue
dans la foule des ouvrages de peu d'étendue qui n'ont qu'un
tems; enfin, je tombai si malade que cette affaire
s'évanouit dans les délais.

Elle semble aujourd'hui se renouveller par une nouvelle
histoire du parlement qu'on m'attribue. je n'en connais
d'autre que celle de Mr Le Page avocat à Paris, divisée en
plusieurs Lettres, et imprimée sous le nom d'amsterdam
en 1754.

Pour composer un livre utile sur cet objet il faut avoir fouillé

pendant une année entière au moins, dans les régistres. et
quand on aura percé dans cet abime il sera bien difficile de
le faire lire. un tel ouvrage est plutôt un long procez
verbal qu'une histoire.

Si quelque libraire veut faire passer cet ouvrage sous mon
nom, je lui déclare qu'il n'y gagnera rien; et que loin que
mon nom lui fasse vendre un exemplaire de plus il ne
servirait qu'à décréditer son livre. Il y aurait de la folie
à prétendre que j'ai pu m'instruire des formes judiciaires
de france, et rassembler un fatras énorme de dates, moi
qui suis absent de france depuis plus de vingt années, et qui
ai présque toujours vécu avant ce tems loin de Paris à la
campagne, uniquement occupé d'autres objets.

Au reste, Monsieur, si on voulait recueillir tous les ouvrages
qu'on m'impute, et les mettre avec ceux que l'on a écrits
contre moi, cela formerait cinq à six cent volumes, dont
aucun ne pourrait être lu, Dieu merci.

Il est très inutile encor de se plaindre de cet abus, car les
plaintes tombent dans le gouffre éternel de l'oubli avec les
livres dont on se plaint. la multitude des ouvrages inutiles
est si immense que la vie d'un homme ne pourrait suffire à en
faire le catalogue.

Je vous prie, Monsieur, de vouloir bien permettre que ma lettre
soit publique pour le moment présent, car le moment d'après on
ne s'en souviendra plus; et il en est ainsi de présque toutes les
choses de ce monde.

J'ai l'honneur d'être etc.
V.